Marguerite Duras
La vie comme un roman

Ouvrage publié avec le soutien
de la Région Basse-Normandie.

Ouvrage publié avec le soutien
du Conseil Général du Calvados.

Avec la collaboration
de Anne Soto et Caterina d'Agostino

Graphisme
Caroline Keppy et Sandrine Roux

© Les Éditions Textuel, 2006
48, rue Vivienne
75002 Paris

www.editionstextuel.com

ISBN : 2-84597-158-3
Dépôt légal : mars 2006

Remerciements :

Jean Mascolo et Michèle Kastner,
Archives Marguerite Duras ; Monique Antelme ;
Yann Andréa ; Christiane Lachaize-Péné
et Yvette Barreau à Duras ; les Archives
départementales du Lot-et-Garonne ; les mairies
de Villeneuve-sur-Lot, Mézin, Pardaillan, Fruges,
Bonnières ; Mme Descayrac ; Christian Donnadieu ;
Jeanick Ducot ; Mme Germaine Favarel ;
Roger Montlahuc ; Max Bergié ; Anne de Gaspéri ;
Mlle Lucette Vachier et les archivistes du Centre
des Archives d'Outre-mer à Aix-en-Provence ;
Olivier Corpet, Sophie Bogaert, Philippe Charrier,
Stéphanie Lamache, Institut Mémoires
de l'Édition Contemporaine (IMEC) ;
Jean-Claude Dauphin, Franck Perrussel
et Liliane Phan à la Librairie Gallimard ;
Barney Rosset, Grove Press ; Archives nationales,
Paris ; Archives de l'Université Panthéon-Assas,
Paris II ; Archives d'État du Vietnam ;
Archives d'État du Cambodge ; Luc Lagarde,
Cristina Crameroti, Bibliothèque de l'École
française d'Extrême-Orient ; Bibliothèque nationale
de France ; Jérôme Lachermoise, L'Illustration ;
Catherine Fröchen ; Michèle Lajournade ;
Irène Lindon ; Paul Otchakovsky-Laurens ;
Marianne Théry, Luce Pénot, Manon Lenoir,
éditions Textuel, Fanny Rolland et Aude Danieli ;
le Centre régional des Lettres de Basse-
Normandie.

Collection Passion

Jean Vallier

Marguerite Duras
La vie comme un roman

textuel

La vie comme un roman

« *La vie est aux passionnés, aux démesurés.* »
Drieu La Rochelle, *Les Chiens de paille*, Gallimard, 1944.

Peut-on « raconter » Marguerite Duras ? Comment, dans l'espace de ce livre que le lecteur est invité à feuilleter comme un album de famille ouvert sur le monde extérieur, retrouver la trace encore fraîche d'une existence vécue dans la rumeur, chargée d'histoire, de plusieurs époques passablement contrastées ? Comment rendre justice à la véritable personnalité d'un écrivain dont l'image publique est encore trop présente pour être jugée avec le recul nécessaire ? Par quels moyens, sous les sédiments accumulés par des années de glose savante, rendre sensible le jaillissement d'une œuvre rebelle à l'analyse comme au cloisonnement imposé par les genres (littéraire, dramatique, cinématographique) ? En d'autres termes : comment, sous le vernis, retrouver le portrait ? Étant entendu qu'il n'est pas suffisant d'examiner à la loupe – cela reviendrait à le faire avec un verre déformant – celui que l'artiste elle-même a complaisamment placé entre les pages ?
Elle nous avait prévenus : « L'histoire de votre vie, de ma vie, elle n'existe pas, [...] Le roman de ma vie, de nos vies, oui, mais pas l'histoire... » (Entretien avec Hervé Le Masson pour *Le Nouvel Observateur*).
Lancée comme un défi à ses futurs biographes, cette déclaration, souvent réitérée, invite à la prudence et à la modestie. Pourtant, cette « histoire » résiste au temps, tout comme le « roman » qu'a vécu l'intéressée ; elle prend corps au fil des images, au fil des événements, captivante, émouvante souvent, cocasse parfois, passionnante de bout en bout – pour peu qu'on en reprenne un à un les éléments, qu'on en examine les sources d'un peu près et qu'on puisse en rétablir l'exacte chronologie. Ce n'est pas un secret que l'au-

teur du *Barrage contre le Pacifique* et de *L'Amant* était quelque peu brouillée avec les dates, avec les âges, avec les faits quelquefois… Qu'importe ! Colette disait déjà à ce propos : « L'Art, c'est le mensonge, et c'est parce que je mens que mes livres existent », aveu que Marguerite Duras aurait pu reprendre à son compte. L'essentiel est ce que l'œuvre laissée en héritage nous révèle d'une époque traversée avec une conscience de soi d'une rare intensité, ce qu'elle nous enseigne à partir du sens que l'auteur elle-même a su donner à son existence.

S'il était besoin d'autre justification que celle de notre curiosité et de celle du lecteur, disons que, loin de trahir cette œuvre qui compte parmi les plus originales de son temps, le survol de cette vie, de ses racines familiales, de ses environnements successifs, de ses événements les plus marquants, l'éclaire au contraire d'un jour qui devrait nous inciter à une lecture plus ouverte, moins encombrée de sens, de livres où transparaît constamment la passion de l'écriture, le pur plaisir d'écrire, à porter un œil plus disponible sur des images filmées comme autant de défis à la paresse du regard, à entendre d'une oreille plus neuve des mots projetés sur la scène ou à l'écran pour leur résonance, pour leur « couleur », pour leur pouvoir plus que pour leur sens.

C'est encore le son de sa voix, les élans de son cœur, la chaleur de ses convictions, son sens de l'humain, ses partis pris aussi, politiques ou autres, que l'on retrouve dans les chroniques journalistiques de celle qui fut la collaboratrice de *France Observateur*, de *Libération* ou de *L'Autre Journal* ; au fil également des nombreux entretiens qu'elle a essaimés ailleurs au cours des années. Lorsqu'il s'agit d'approcher Marguerite Duras comme nous avons tenté de le faire dans cet ouvrage, l'œuvre est d'une seule pièce malgré la diversité des moyens employés ; tout contribue à la connaissance

d'un auteur qui ne s'est pas contentée de traverser son siècle avec indifférence (cela lui est arrivé à l'occasion), qui l'a observé avec une lucidité dirigée autant contre elle-même que contre tous les pouvoirs, tous les embrigadements, et qui, en définitive, y a laissé une trace parmi les plus personnelles qui soient.

Pour le reste, l'anecdote, comment Marguerite Donnadieu, fille d'instituteurs d'une IIIe République pour qui l'instruction publique était un bien à partager par tous et la mission civilisatrice de la France un bienfait à exporter au-delà des mers, comment cette adolescente un peu complexée et plus qu'un peu rêveuse ayant grandi sur les bords du lointain et fabuleux Mékong, deviendra, après un apprentissage solitaire et tenace, Marguerite Duras, l'un des auteurs de la seconde moitié du XXe siècle les plus assurés de l'authenticité de leur talent, par quels cheminements ces prodiges s'accomplirent, c'est ce que ce livre s'enhardit à conter.

Un mot encore sur les images rassemblées dans cet ouvrage, sur les documents jalonnant la vie, l'œuvre, et leurs corollaires. Ils sont le fruit d'une collaboration fertile entre toutes, tant le plaisir de cette recherche a été partagé tout au long de cette quête qui devait nécessairement en passer par une enquête. Il ne saurait y avoir d'échelle de valeur, mais puisse la force évocatrice, le poids d'émotion et de vérité émanant des photographies de famille ici rassemblées grâce à la complicité du fils de l'auteur et de quelques autres, constituer le fil d'Ariane qui permettra de mieux retrouver le passage des années. « C'est dans la reprise du temps par l'imaginaire que le souffle sera rendu à la vie », ajoutait Marguerite Duras, voulant privilégier le roman plutôt que l'histoire de nos vies et de la sienne. Cette formule magique est à la portée de chacun de nous.

Sommaire

1914
1924

De la Cochinchine au pays de Duras

C'est entre le golfe de Siam et la mer de Chine que naît, le 4 avril 1914, au pays des moussons, Marguerite Germaine Marie Donnadieu. Elle voit le jour dans ce qui est alors la Cochinchine française, colonie à part entière, l'un des joyaux de l'Union indochinoise établie par le gouvernement de la IIIe République à la fin du siècle précédent. L'Annam et le Tonkin au nord, l'ancien royaume du Cambodge à l'ouest et celui du Laos au nord-ouest complètent cette « union », chacun sous le régime particulier du protectorat. La France règne sur la vallée du fleuve Rouge, de Lao Kay à Haiphong, et contrôle toute la partie méridionale du cours du Mékong, de la frontière birmane à l'immense delta qui irrigue au sud une grande partie de la Cochinchine. Deux fleuves qui verront grandir la jeune Marguerite, au fil de l'évolution de la carrière de ses parents, tous deux fonctionnaires du service local de l'Instruction publique.

Henri et Marie Donnadieu sont arrivés séparément en Indochine la même année, en 1905. Animés de la même foi laïque inculquée à ceux qu'on appela les « hussards de la République », ils sont chargés d'éveiller à la connaissance les jeunes âmes indigènes qui leur sont confiées, langue française comprise, avec l'espoir de faire bénéficier ces enfants et leurs familles de « l'œuvre civilisatrice de la France ». L'École normale primaire, dont ils sont issus, les a bien préparés à cette mission que, d'une certaine manière, ils laisseront en héritage à leur fille. À charge pour elle de s'en éloigner, l'âge et l'éveil de la conscience politique venus – ce qu'elle ne manquera pas de faire à sa façon... Nous sommes tous, peu ou prou, tributaires de nos racines familiales. La future Marguerite Duras ne fait pas exception à la règle. Que ces racines et les événements qui ont marqué la première décennie de son existence aient eu, consciemment ou non, une portée durable sur le reste de sa vie et, partant, sur une partie non négligeable de son œuvre, ne fait guère de doute...

1. Timbre-poste oblitéré en Indochine, années 1920.
2. La famille Donnadieu, les élèves et les professeurs du collège du Protectorat à Hanoi, dont Henri Donnadieu est le directeur, 1918-1919. Sur la balustrade : Marguerite et ses frères.

1

2

The Dikes

3

4

Des racines provinciales

Le père, Henri Donnadieu, est un garçon du Sud-Ouest dont, vraisemblablement, il a conservé l'accent. Il est né dans la charmante sous-préfecture de Villeneuve-sur-Lot, au nord de la vallée de la Garonne, le 9 avril 1872. Ses origines sont modestes et essentiellement terriennes. Ses grands-parents des deux côtés étaient agriculteurs ; son arrière-grand-père, Bertrand Donnadieu, brassier (ouvrier agricole). Son père, Joseph Donnadieu, s'est établi avec Marie Lascombes, sa mère, comme cordonnier à Villeneuve après avoir été tuilier dans la même ville. Henri Donnadieu a un frère de quinze ans son aîné, qui deviendra cordonnier comme son père, et une sœur, également plus âgée que lui. Roger Donnadieu, son frère cadet, naît en 1875. Henri et Roger seront les premiers à faire des études et resteront très liés. La ville dans laquelle ils passent leur enfance est alors un marché florissant où se négocient les produits du terroir des pays alentour. Elle compte quatorze mille habitants.

Marie Legrand, la mère de Marguerite Duras, est elle aussi d'origine terrienne, bien qu'appartenant à un milieu plus aisé de propriétaires et de marchands de grains. Elle a vu le jour à Fruges, dans le Pas-de-Calais, le 8 avril 1877. Elle a grandi non pas dans les Flandres (« ces grandes plaines du Nord » qu'évoquera sa fille), mais en Artois, dans les collines du haut pays. Fruges regroupe près de trois mille habitants. La ville est un gros marché agricole qui s'enorgueillit d'organiser la plus importante

6

foire annuelle aux bestiaux de la région ainsi que des défilés très animés à l'occasion de la ducasse (kermesse) traditionnelle ou du carnaval. Marie Legrand est l'aînée de six enfants, quatre garçons et une fille, Thérèse (qui a seize ans de moins qu'elle), dont la jumelle, Marguerite, est morte en bas âge. Leur père, Alexandre Legrand, exerce la profession de boulanger, puis de « marchand pâtissier », après avoir été un temps négociant en grains. La mère de Marie Legrand, Marie Demont, est issue d'une lignée de marchands de grains. C'est une forte femme, sûre de son état. Marguerite s'en souviendra plus tard.

1. Le moulin de Fruges, début du XXᵉ siècle.
2. Vue de Fruges, début du XXᵉ siècle.
3. Place du Marché de Villeneuve-sur-Lot, début du XXᵉ siècle.
4. Vue de la place du Marché de Fruges, début du XXᵉ siècle.
5. Vue du pont de Villeneuve-sur-Lot, début du XXᵉ siècle.
6. Marie Juliette Josèphe Demont, mère de Marie Donnadieu.

5

L'appel de l'aventure

Ayant réussi le concours d'entrée à l'école normale d'instituteurs d'Agen-Monbran en 1889,
Henri Donnadieu en sort trois ans plus tard,
muni du brevet de capacité pour l'enseignement primaire. Son service militaire accompli, il occupe plusieurs postes dans le
Lot-et-Garonne, dont Marmande et Le Mas-
d'Agenais. Nommé à l'école primaire supérieure de Mézin en 1900, il y est tout d'abord
« instituteur adjoint pour l'enseignement des
sciences ». En 1902, ayant obtenu une licence
de sciences naturelles auprès de l'université
de Bordeaux et un diplôme d'agriculture, il
accède au rang de professeur. En 1904, il
décide de faire acte de candidature pour un
emploi dans l'administration locale. On lui offre
un poste de professeur à l'école normale de
Saigon, qu'il rejoint au début de l'année suivante. Entre-temps, il a épousé Alice Rivière,
originaire d'un petit village près de Duras. Ils
ont eu deux fils : Jean, né en 1899, et Jacques,
né en 1904, demi-frères de Marguerite.
De son côté, Marie Legrand entre à l'école
normale d'institutrices de Douai en 1895.
Après sa sortie en 1898, elle est nommée à
Roxpoede, petit village près de la frontière
belge, puis à Dunkerque. Elle y rencontre
Flavien Obscur, professeur à Saigon, qui se
trouve en congé en France. Elle l'épouse en
novembre 1904 et décide de le suivre à la
colonie. Ils arrivent le 1er mars 1905, sur ce
même quai des Messageries Maritimes qui a
accueilli Henri Donnadieu trois mois plus tôt.
Marie Donnadieu obtient sans trop de mal un
poste d'institutrice auxiliaire à l'école munici-
pale de filles de Saigon, dont elle devient peu
après sous-directrice. Pour sa part, Henri
Donnadieu s'est vu confier la direction de
l'école normale quelques mois après son arrivée, son prédécesseur ayant succombé aux
méfaits d'un climat qui provoque chez beaucoup d'Européens anémie généralisée et
fièvres à répétition.

EXTRAIT DU REGISTRE DES ACTES DE MARIAGE

DE LA COMMUNE DE SAIGON (Cochinchine)

DE L'ANNÉE **MIL NEUF CENT NEUF**

(Article 45 du Code civil. — Loi du 9 Août 1919)

ACTE N° 87.–

L'An mil neuf cent neuf, le vingt Octobre, à cinq heures du soir, par devant nous Frédéric, MONTÉGOUT, conseiller municipal, troisième inscrit dans l'ordre du tableau, délégué par suite d'empêchement du Maire et du premier Adjoint et d'absence du deuxième Adjoint et des deux conseillers premiers inscrits, pour remplir les fonctions d'officier de l'Etat Civil de la Ville de Saïgon (Cochinchine), ont comparu en l'Hôtel-de-Ville: Henri, DONNADIEU, âgé de trente-sept ans, directeur de l'Ecole normale de Giadinh (Cochinchine), y domicilié, de passage à Saïgon, né à Villeneuve-sur-Lot, département du Lot-et-Garonne, le neuf Avril mil huit cent soixante-douze, fils majeur de feu Joseph, et de Marie, LASCOMBES, sa veuve, sans profession, domiciliée au dit Villeneuve-sur-Lot; veuf en premières noces de Alice; RIVIÈRE, décédée à Giadinh, le six Mai mil neuf cent neuf, d'une part; et Marie, Adeline; Augustine, Josèphe LEGRAND, âgée de trente ans, institutrice, domiciliée à Saïgon; née à Bruges (Pas-de-Calais) le huit Avril mil huit cent soixante-dix-neuf, fille majeure de Alexandre, sans profession, et de Marie, Juliette, Joseph, DEMONT, son épouse, sans profession, demeurant ensemble à Bonnières, (Pas-de-Calais), veuve en premières noces de Flavier, Marie, OBSCUR, décédé à Amélie les Bains (Pyrénées Orientales), le cinq Février mil neuf cent sept, d'autre part; lesquels comparants nous ont requis de procéder à la célé—

6

ACADÉMIE
DE BORDEAUX
—
OBJET:

Concours d'admission
1889

Procès-verbal du Concours d'admission

Le 1er Août 1889, la Commission nommée par Mr le Recteur pour procéder au Concours d'admission à l'école normale d'instituteurs d'Agen s'est réunie à l'Hôtel de la Préfecture à 8 heures du matin.

Etaient présents:

M.M. Monties, directeur de l'école normale,
Baudy, inspecteur primaire;
Castagné, directeur de l'école annexe;
Boin
Bourges
Fourié   Aspirants à l'école normale
Rabatel
Viollet

Examinateurs spéciaux   Musique   M.M. Varennes
                         Gymnastique

17 aspirants avaient été admis à subir les épreuves de concours. 15 se sont présentés. Après la visite médicale dont les résultats n'ont amené aucune élimination, la Commission a procédé aux épreuves écrites dans l'ordre et selon les prescriptions de l'arrêté du 18 janvier 1887. A la suite de ces épreuves, la Commission a dressé la liste des candidats admis à subir les épreuves de la 2e série. Cette liste comprend 14 noms, savoir:

1.	Batanis	8.	Donnadieu
2.	Renaud	9.	Dubourg
3.	Villes	10.	Fontès
4.	Bougesse	11.	Marqués
5.	Bret	12.	Marrens
6.	Crassac	13.	Marty
7.	Delas	14.	Pompidou

Le résultat des épreuves écrites a été proclamé à 6 heures

7

Liste, par ordre de mérite, des aspirants que la Commission juge dignes d'entrer à l'Ecole normale

1. Pompidou   196 points 1/2
2. Bret   185 3/4
3. Donnadieu   180

3

CERTIFICAT DE BONNES VIE ET MŒURS

Département
Lot-et-Garonne

Arrondissement
Nérac

COMMUNE
Mézin

Le Maire de la commune de Mézin soussigné, certifie que le nommé Donnadieu Henri

_____ , profession de professeur à l'école supérieure

demeurant à Mézin

depuis le 1er 8bre 1898

est à notre connaissance de bonnes vie et mœurs, en foi de quoi lui a été délivré le présent certificat.

à Mézin, le 21 Juillet 1903

LE MAIRE,
(Sceau de la Mairie)
Em. Dubourg

4

1. Marie Donnadieu, institutrice à Saïgon, vers 1909-1910.
2. Henri Donnadieu à Giadinh, Cochinchine, vers 1909-1910.
3. Candidats admis au concours de l'école normale d'instituteurs d'Agen en 1889 (haut de liste).
4. Certificat de bonnes mœurs délivré à Henri Donnadieu par le maire de Mézin, en 1903.
5. Notes obtenues par Henri Donnadieu au concours d'entrée à l'école normale d'Agen.
6. Certificat de mariage d'Henri Donnadieu et de Marie Legrand le 20 octobre 1909.
7. Extrait du procès-verbal du concours d'entrée à l'école normale d'instituteurs d'Agen, 1889.

1

1/2	156	Admis
1/4	180	Admis
3/4	167 3/4	Admis

5

Un nouveau foyer

À l'automne 1906, Flavien Obscur tombe, lui aussi, gravement malade. Le service de santé de Saigon lui accorde un congé en France et autorise sa femme à l'accompagner. Leur vie commune aura été de courte durée ; en février 1907, alors qu'il se trouve dans un établissement de cure dans les Pyrénées-Orientales, Flavien décède « des suites de dysenterie chronique et de congestion hépatique ». La mère de Marguerite Duras, qui va avoir trente ans, se retrouve seule. Elle décide de retourner en Indochine en octobre 1908, où elle retrouve son poste. Pour sa part, Henri Donnadieu ne sera pas épargné non plus par

le sort. Alice Rivière, qui était venue le rejoindre avec leurs deux enfants, est à son tour victime du climat. Elle s'éteint le 6 mai 1909, laissant deux orphelins que leur père renverra dans le Lot-et-Garonne aux soins de leur grand-mère maternelle qui vit près de Duras. Les époux Obscur et Donnadieu se fréquentaient-ils ? Sans doute, puisque Flavien Obscur et Henri Donnadieu étaient collègues à l'école normale. De plus, les deux hommes étaient francs-maçons, bien qu'appartenant à deux loges différentes. Le veuf et la veuve se plaisaient-ils ? Certainement, puisqu'ils décident de refaire leur vie ensemble. Ils sont encore jeunes ; ils sont séduisants l'un et l'autre, elle avec son beau visage au regard

mélancolique, lui avec sa barbiche et son sourire malicieux. Marguerite dira plus tard qu'ils étaient très amoureux. Quoi qu'il en soit, ils unissent leurs destinées à la mairie de Saigon le 20 octobre 1909. Deux garçons viennent bientôt sceller cette union : le premier, Pierre, naît le 7 septembre 1910. C'est « le frère aîné », qui ne sait pas encore qu'il passera à la postérité grâce à l'œuvre de sa sœur. Le second, Paul, voit le jour le 23 décembre 1911. Ils sont encore dans les jupes de leur mère lorsque, à l'automne 1913, alors que la nouvelle famille vient de rentrer d'un congé administratif en France, la venue prochaine d'une petite sœur est annoncée.

1. Marie Donnadieu à Giadinh avec ses deux fils, Pierre et
Paul, vers 1913.
2. Navire à quai dans le port de Saigon.
3. Marie Donnadieu et son fils Pierre, vers 1911.

1

2

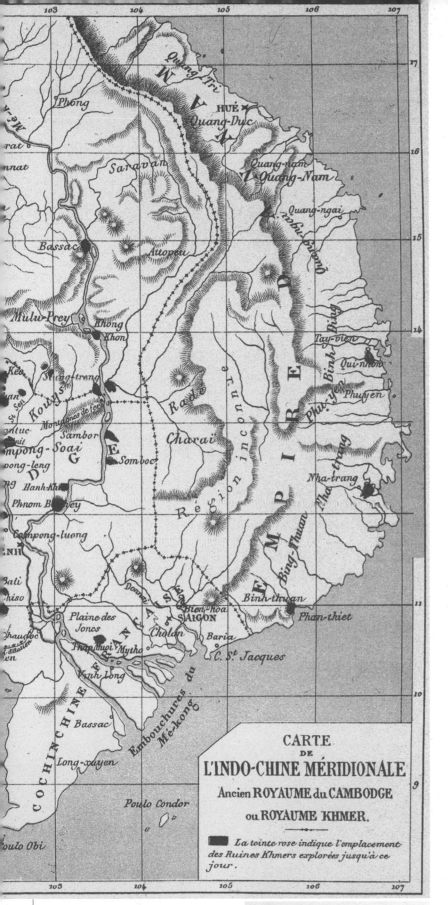

1. Pierre, Marguerite et Paul, vers 1915-1916.
2. Carte de l'Indochine méridionale vers 1900.
3. Tombeau de Mgr Pigneau de Béhaine, évêque d'Adran, à Giadinh.
4. Proposition du directeur de l'Enseignement au gouverneur
de la Cochinchine en faveur de M. Donnadieu au poste
de directeur de l'école normale de Giadinh, le 28 juin 1905.

Giadinh

Cette petite sœur vient au monde à Giadinh, une bourgade au nord-est de Saigon. Comme ses deux frères, elle naît au domicile de ses parents, dans l'appartement de fonction réservé au directeur de l'école normale. Ancienne capitale de la Cochinchine, Giadinh n'est plus que le chef-lieu un peu oublié de la province du même nom depuis 1860. On n'y recense guère que quelques bâtiments officiels, tels celui où siège l'administrateur, la caserne de la milice, la poste et le groupe scolaire. Un marché, une église, une pagode, quelques maisons pour Européens et des casiers (bâtiments abritant un commerce et quelques pièces d'habitation) pour les autochtones complètent l'inventaire de ce qui n'est en fait qu'un gros village. Autour : des rizières et des bouquets d'arbres. De son passé, Giadinh a conservé quelques vestiges. Le plus connu est le tombeau de Mgr Pigneau de Béhaine, évêque d'Adran, ami de l'empereur Gia Long à la fin du XVIIIe siècle. Il se tient à un carrefour, sur l'ancienne route Mandarine, sur le passage des tilburys qui, le soir, lorsque la chaleur retombe, viennent de Saigon pour faire le traditionnel « tour de l'Inspection » et s'en retournent à travers la plaine des Tombeaux. Saigon n'est qu'à une petite demi-heure de distance en pousse-pousse ou en voiture de louage. Les habitants peuvent aussi emprunter le petit tramway à vapeur qui relie les deux agglomérations et continue jusqu'à la ville chinoise de Cholon un peu plus à l'ouest. Cependant, les élèves annamites de l'école normale (une centaine en tout) se sentent en exil par rapport à leurs camarades plus fortunés qui fréquentent le collège Chasseloup-Laubat « en ville ».
Mme Donnadieu, quant à elle, n'est plus astreinte à faire le trajet chaque jour. À la rentrée scolaire de 1913, enceinte de Marguerite, elle est affectée à Giadinh dans l'école que dirige son mari, en remplacement d'un professeur absent. Elle peut ainsi surveiller sa maisonnée sans cesser d'enseigner.

4

La « perle de l'Extrême-Orient »

Dès cette époque, Saigon fait figure de métropole pouvant rivaliser, par sa taille et les aménités qu'elle offre au nouvel arrivant, avec les plus grandes villes de France. Grâce à son rang de capitale de la Cochinchine, elle a été dotée par l'Administration coloniale d'une profusion d'édifices publics dont la taille et la richesse ne manquent pas d'en imposer au visiteur. Ce « Paris sous les tropiques » possède ses palais (un pour le gouverneur, un pour le vice-gouverneur, un pour l'archevêque et un autre pour la Justice), ses grands services administratifs (Finances, Sûreté, Santé, Douanes, Impôts, etc.), un extravagant hôtel de ville dans le plus pur style Napoléon III, une cathédrale néo-

gothique de briques rouges, ainsi qu'un théâtre municipal (inauguré en 1900) richement pourvu de frontons, colonnes, lyres et cariatides à faire pâlir celles du palais Garnier. Les boutiques, les terrasses de café, les hôtels qui bordent la rue Catinat – la principale artère commerçante de la ville – ne le cèdent en rien à ceux de la Canebière. Les banques ont pignon sur rue et les grandes maisons de commerce importent tout ce qui est nécessaire au confort des familles, du lait en poudre au quinquina et aux eaux minérales, du corset au casque colonial, de la glacière au ventilateur électrique amené à remplacer peu à peu l'antique panka (écran végétal servant de ventilateur, manœuvré à l'aide d'une corde). Les premières automobiles ont fait leur apparition,

au point qu'il a fallu limiter leur vitesse à douze kilomètres à l'heure dans les rues pour ne pas effrayer chevaux et passants. Mais tout le monde s'accorde pour dire que ce qui fait le charme très particulier de Saigon, c'est, en dépit du climat, la profusion extraordinaire d'arbres et de fleurs de toutes sortes qui bordent les avenues, peuplent les parcs et ornent les jardins de la ville que les guides se plaisent à appeler la « perle de l'Extrême-Orient ».

1. Place du Marché de Saigon.
2. Palais du Gouverneur à Saigon, vers 1910.
3. Place du Théâtre municipal de Saigon, 1905.
4. Le tramway à vapeur de Gladinh à Cholon, 1905.
5. La rue Catinat à Saigon.

1. Le *Néra*, paquebot poste des Messageries Maritimes.
2. « Les troupes allemandes violent notre territoire »,
une du *Petit Parisien* du lundi 3 août 1914.
3. Vue de l'église de Bonnières, début du XXᵉ siècle.
4. La Garonne à Marmande.
5. Monument aux morts de Fruges.
6. La ville d'Arras détruite par les bombardements
pendant la guerre de 14-18.

1

2

Le Petit Parisien

39ᵉ Année. — N° 13.792.

Lundi 3 Août 1914

5 centimes — Le plus fort tirage des journaux du monde entier — 5 centimes

SANS DÉCLARATION DE GUERRE
les troupes allemandes violent notre territoire

ELLES ENVAHISSENT LE LUXEMBOURG, PAYS NEUTRE

L'état de siège général proclamé. -- Le Parlement est convoqué pour mardi

LES ALLEMANDS ENVAHISSENT LE LUXEMBOURG

Bruxelles, 2 août, minuit 58.

« Bruxelles-Gazette » annonce que les troupes allemandes seraient entrées dans le Grand-Duché de Luxembourg.

Bruxelles, 2 août, 7 h. 53 matin.

Une dépêche de Luxembourg annonce que les Allemands sont entrés dans le Grand-Duché et se sont emparés du gouvernement.

Les communications télégraphiques sont coupées.

LA FRONTIÈRE FRANÇAISE VIOLÉE SUR TROIS POINTS

Midi.

Les Allemands ont envahi le territoire français sur deux points, à Longwy et à Cirey.

NOUS LEUR TUONS DEUX OFFICIERS ET VINGT HOMMES

La situation diplomatique

M. DE SCHOEN EST RESTÉ A PARIS

CE QUE C'EST QUE L'ÉTAT DE SIÈGE

AYONS CONFIANCE !

4

5

3

L'interlude français

Quatre mois à peine après la naissance de Marguerite, les hostilités sont déclarées entre la France et l'Allemagne (Joffre signe l'ordre de mobilisation générale le 1er août 1914). Dans l'immédiat, Henri Donnadieu, qui est père de cinq enfants, n'est pas susceptible d'être appelé à combattre. Mais, au début de l'année suivante, il a de sérieux ennuis de santé et obtient un congé de convalescence de six mois pour la métropole. Le 19 mai 1915, il embarque avec sa famille sur le paquebot *Néra* de la compagnie des Messageries Maritimes. Le voyage dure vingt-six jours. Marguerite, dont on vient de fêter le premier anniversaire, fait peut-être ses premiers pas sur le pont du bateau. Son père ayant été mobilisé dans le service auxiliaire à Marmande à l'expiration de son congé, c'est près de cette ville qu'elle passe une partie de la guerre avec sa mère et ses frères, dans une maison de location au bord de la Garonne. Ce séjour est entrecoupé de visites dans le Pas-de-Calais, chez ses grands-parents maternels qui se sont retirés dans le sud du département, à Bonnières, un petit village au milieu des champs. Tous s'y retrouvent en avril 1917, après la démobilisation du chef de famille. À deux pas de là, le général Foch a installé son quartier général dans la petite ville de Frévent. La région n'a pas été épargnée par les violents combats. Fruges, un peu à l'arrière du front, est devenue un centre de repli pour les soldats anglais, mais Arras, qui sert de base stratégique aux offensives des armées alliées sur le front de l'ouest, sera en grande partie détruite. La mère de Marguerite a perdu l'aîné de ses frères, Alexandre Legrand, sous-lieutenant au 58e régiment d'infanterie coloniale. Il a été porté disparu en 1915 à Gallipoli, au cours de la bataille des Dardanelles. Le monument aux morts de Fruges conserve sa mémoire.

Le Tonkin de la petite enfance

La guerre n'est pas encore achevée (les États-Unis viennent tout juste de se ranger aux côtés de la France et de l'Angleterre) lorsque Henri et Marie Donnadieu repartent en Indochine avec leurs trois enfants. Embarqués à Marseille le 13 mai 1917 sur le paquebot *Dumbéa*, ils arrivent à Saigon le 20 juin suivant. Ils ne resteront dans cette ville que quelques mois, le temps pour Henri Donnadieu d'enseigner les

sciences naturelles au collège Chasseloup-Laubat, l'Administration ne lui ayant pas conservé son poste à Giadinh — ce qui ne le satisfait guère. Son déplaisir sera de courte durée, car, avant la fin de l'année, il est nommé à Hanoi à la tête du collège du Protectorat, un établissement de plus de sept cents élèves. C'est une véritable promotion, et la perspective de faire vivre sa famille sous un climat moins éprouvant que celui de la Cochinchine n'est pas pour lui déplaire. Son arrêté de nomination est signé de la main même du radical-socialiste Albert Sarraut, gouverneur général de l'Union indochinoise, qui vient lui aussi de rentrer de France. C'est donc à Hanoi qu'ils apprendront, à l'automne 1918, la signature de l'armistice. Le fils aîné d'Alice Rivière, Jean Donnadieu, qui s'était engagé en devançant l'appel, est lui aussi libéré de ses obligations militaires. Il songe un moment rejoindre son père au Tonkin, mais ne donnera pas suite au projet. Marguerite, Pierre et Paul Donnadieu, qui ont maintenant respectivement quatre, huit et sept ans, sont arrivés sur les bords du fleuve Rouge avec leurs parents au début de l'année. Les deux garçons vont en classe. Leur sœur est encore trop jeune. Quant à leur mère, elle a eu la chance d'obtenir un poste d'institutrice dans la section primaire du collège que dirige son mari. Celui-ci a sous ses ordres une trentaine de professeurs, tant européens que tonkinois. C'est un fonctionnaire en vue.

1. Vue d'une rizière dans le delta du fleuve Rouge, Tonkin, début du XXᵉ siècle.
2. Henri et Marie Donnadieu et leurs enfants, à Hanoi, vers 1918-1919.
3. Île sur le Grand Lac de Hanoi.
4. Le théâtre des Illusions à Hanoi, en 1918.
5. Albert Sarraut, gouverneur général de l'Indochine, vers 1918.

Le collège du Protectorat reçoit des élèves « indigènes », parmi lesquels des Chinois et des Laotiens. Il est installé dans une ancienne papeterie au bord du lac Tay Ho (le Grand Lac), quartier qui abrite l'imposant palais du Gouverneur, édifié à la fin du siècle précédent au milieu d'un immense parc. La grande maison de style Renaissance qu'habite la famille de Marguerite date de la même époque. Elle est située près du collège et donne sur le lac. Lorsque les Donnadieu s'y installent, on achève, à deux pas de là, la construction du lycée auquel Albert Sarraut donnera son nom. Hanoi offre tous les agréments d'une grande ville moderne. L'Administration coloniale n'a pas lésiné lorsqu'elle a construit, à côté de la ville ancienne (le « quartier des trente-six rues »), une cité digne d'abriter la capitale de l'Union. Édifices publics de prestance, larges avenues bordées d'arbres, bornes-fontaines, éclairage des rues par lampes à arc, tramway électrique... et cet audacieux pont Doumer par lequel le chemin de fer qui relie Hanoi à Haiphong franchit le fleuve Rouge. Les raffinements de la vie urbaine n'ont pas été négligés. Si Saigon a sa rue Catinat, Hanoi a sa rue Paul-Bert, où les boutiques offrent tous les articles de Paris dont on ne saurait se passer ; l'hôtel Métropole, qui rivalise avec les palaces internationaux est un endroit idéal pour prendre le thé ou boire un

2

3

1

Martel-Perrier avec ses amis ; pour les dévotions, il y a l'énorme cathédrale où les familles conduisent leurs enfants à la grand-messe du dimanche ; pour les mondanités, les réceptions dans la somptueuse salle de bal du gouverneur ; pour la culture, le splendide théâtre municipal, l'orchestre philharmonique ou les concerts sous le kiosque à musique – sans compter plusieurs cinémas. Pour le plaisir des plus jeunes, un petit théâtre de Guignol a été installé sous les arbres du Jardin botanique.

1. Vue aérienne du collège du Protectorat à Hanoi, au bord du Grand Lac.
2. Une salle de classe en Indochine.
3. Hanoi : le pont Doumer, long de plus d'un kilomètre.
4. Affiche des Messageries Maritimes.
5. Sortie de la messe à la cathédrale de Hanoi, début du XXe siècle.
6. Hanoi, la Pagode au pilier unique.
7. Hanoi, sur les bords du Petit Lac.
8. Couverture de L'Indochine française de Paul Doumer, 1905.

4

5

6

7

8

Les merveilles de la Chine

« La Chine était éternelle. Moi, j'avais cinq ans. On allait y passer les vacances pour fuir le crachin tonkinois. »

Comme beaucoup d'autres fonctionnaires, Henri Donnadieu loue pour les grandes vacances, lorsque la chaleur estivale devient difficile à supporter dans le delta du fleuve Rouge, une maison dans les montagnes du Yunnan. On s'y rend par le petit train qui relie Hanoi à la station climatique de Yunnanfu, perchée à 1 890 mètres d'altitude. Inauguré en 1910, ce train a été construit à grands frais et témoigne de l'acharnement des Français à ouvrir un passage vers la Chine pour le commerce de l'opium et de la soie. Huit cent cinquante kilomètres de voie ferrée à travers vallées et précipices, cent sept ponts, cent cinquante tunnels... Le voyage dure trois jours. À l'arrivée dans la « ville de l'éternel printemps », des vendeuses en costume traditionnel offrent des pêches aux passagers fourbus. Marguerite se souviendra, des années plus tard : « La villa était bien jolie, en terre battue, au milieu d'un jardin plein de fleurs. Un ruisseau passait par là. [...] La ville aussi était belle. [...] Elle était sur la colline, toute en marches, en gradins, blanche et bleue, frémissante de toutes ses enseignes rouges, chantante de claquements de sandales... » Ses frères attrapent des grillons tandis qu'elle hume « l'odeur caramélisée [qui] flottait dans la ville ». Elle s'indignera plus tard, au nom du féminisme, de la coutume, encore en vigueur à cette époque, qui consiste à bander les pieds des fillettes pour qu'ils ne grandissent pas. N'a-t-elle pas assisté au spectacle épouvantable de « deux cents femmes riches de Yunnanfu qui excursionnaient ensemble dans un bateau à vapeur [...] et qui prirent peur parce que le temps se gâtait et se mirent toutes du même côté [...] et qui firent que le bateau sombra en un clin d'œil et qu'elles périrent toutes, engoncées jusqu'au cou dans leur tunique de brocart, entraînées vers le fond par leurs pauvres petits pieds infirmes chaussés de souliers brodés » ? Marguerite se tenait sur la rive avec ses parents, subjuguée.

1. Pont du chemin de fer allant de Hanoi au Yunnan, 1925-1926.
2. Pagode de Meng Zi au Yunnan, vers 1925.
3 et 5. Une rue de Yunnanfu au Yunnan.
4. « C'était bien d'aller en Chine »,
texte dactylographié de Marguerite Duras.
Double page suivante : Marie Donnadieu et ses enfants, Pierre, Marguerite et Paul. Derrière eux, les pensionnaires de Mme Donnadieu, dans la maison achetée par celle-ci à Hanoi, en 1920.

C'était long d'aller en Chine. Il fallait voyager trois jours à travers les montagnes du Yunan pour fuir le "crachin" du delta tonkinois. J'avais cinq ans.

Je savais bien que là où nous allions c'était la Chine, pas l'Indochine. Les noms différaient un peu.

Il y avait beaucoup de chinois. En Chine, surtout. Les chinois n'aimaient pas les petites filles et les donnaient aux cochons.

La Chine était immense, cruelle, les enfants y étaient malheureux et vous ne connaîtrez jamais assez votre chance. L'amour était banni de la Chine Les chinois ne souffraient pas une fois qu'ils étaient grands. Ils ne pleuraient jamais, ~~jamais plus grand que faire.~~

Les fleuves chinois n'aient pas comme les autres. Leurs noms étaient ceux des couleurs. Ils sortaient régulièrement de leur lit, ravageaint une province entière, noyaient trois cent mille personnes, surtout les enfants à cause de leur taille. Puis ils se retiraient.

Mais on souffrait beaucoup moins en Chine qu'ailleurs de la mort des enfants. On en avait l'habitude, il en mourait tant. Tout ça se colmattait se remettait, s'oubliait régulièrement, ce n'était pas la peine d'être triste à cause des inondations.

On m'enseigna ces choses, comme plus tard l'orthographe et la grandeur des conquêtes coloniales de la France ~~afin qu'en arrivant en Chine je sache reconnaître la chose et la nommer.

La villa était jolie, en terre battue rouge sombre. Un jardin, un ruiseau passait par là.

Mon frère, le lendemain de notre arrivée trouva trois grillons mordorés du Yunan. Un autre jour, un quatrième.

Une nuit, pendant un orage venu du coeur du Pacifique, le mur nord de la maison s'écroula. Il fondit silencieusement, se tassa sur lui même en une masse de boue rouge. Nous nous réveillâmes en plein ciel bleu.

La ville était ~~bâtie~~ sur la colline, perchée en gradins, blanche, bleue, frémissante de toutes ses enseignes ~~rouges~~, elle résonnait de claquements de sandales et de cris étranglés de vendeurs ambulants. On y croisait

Nous fûmes grondés pour avoir regardé un homme mort dans une poubelle. On nous demanda d'oublier ~~l'avoir~~ en vu et on nous enseigna qu'il était dans les ~~moeurs~~ de la Chine de ~~jeter à ~~~~ sépulture ses ressortissants, ~~jaunes, que~~ cela ne nous regardait pas.

J'eus six ans.

Je grandis toute entière, avec mes pieds, du Lait Nestlé, de l'eau alunisée, à l'ombre d'un casque colonial trade Manufactures de Saint Etienne. J'eus sept ans.

Bonjour Monsieur Bartolé. Entre tous, je vous choisis aujourd'hui, à l'occasion de ce petit article. ~~Vous administriez une province grande comme la Dordogne dans le sud de la Cochinchine. Ma mère vous craignait beaucoup : vous étiez comptable de la bonne administration de son école.

Elle m'enseigna qu'il ne fallait rien dire de vos injustices criantes dans la grande province de Sadec où vous fûtes administrateur pendant dix ans. Il y allait de sa situation d'institutrice d'école indigène.

Pourtant si elle me mentit sur la Chine, si elle me demanda d'oublier qu' un homme mort pouvait se mettre dans une poubelle, sur vous elle ne me mentit point.

Je vous fous arbitrairement dans mes souvenirs de Chine, dans la même poubelle que cet homme mort.

Dix mille paysans cochinchinois attendaient dans des petites barques, sur le Mekong, de vous payer leur impôt. Cette capitation était de trois piastres. Plus une piastre que vous les obligiez de vous verser afin d'avoir le droit de vous payer l'impôt. La plupart de ces petits paysans du delta n'vaient que ces trois piastres. Ils attendaient des semaines, sur le Mekong, que fléchisse votre rigueur vite légendaire. Beaucoup vendaient ~~~~ leurs provisions de voyage pour vous soudoyer. Beaucoup vendaient leur barque.

Votre colossale fortune vous valut une considération générale du fonctionnariat colonial.

Entre autres je vous choisis aujourd'hui, parmi mes souvenirs d'enfance. Pas plus que ce vieux mendiant chinois je ne pourrai vous oublier.

« De temps en temps ma mère décrète :
demain on va chez le photographe. Elle
se plaint du prix, mais elle fait quand
même les frais des photos de famille. »

Au royaume de Sisowath Ier

Au début de l'année 1920, le père de Marguerite est muté au Cambodge. Craignant les effets du climat pour sa femme et pour ses enfants, il décide dans un premier temps de partir seul. Marie Donnadieu continue à enseigner à Hanoi et, pour augmenter les revenus du ménage, prend des pensionnaires (« des princes laotiens », dira sa fille) dans la maison qu'ils viennent d'acheter à Hanoi, dans le quartier du « Grand Bouddha ».

Un an plus tard, la famille est à nouveau réunie, Mme Donnadieu ayant finalement été nommée à Phnom Penh où elle dirige l'école de filles, dite « école Norodom » en souvenir du souverain cambodgien qui signa avec l'envoyé de Napoléon III un accord de protectorat. Marguerite, qui aura sept ans cette année-là, va en classe dans cette école. Elle évoquera, dans *L'Amant*, « cette résidence admirable qui donne sur le Mékong », dans laquelle se trou-

vait l'appartement de fonction de son père ainsi que son bureau de directeur de l'Enseignement primaire (elle croira se souvenir qu'il s'agissait de l'ancien palais royal, ce qui n'est pas si sûr...). Du quai Lagrandière où se trouve cette résidence dans le quartier français du « Phnom », on peut admirer les bateaux de toutes sortes qui naviguent sur le Tonlé Sap. Chaque année, à l'occasion de la fête des Eaux, les embarcations qui participent aux régates se parent de bannières chamarrées du plus bel effet. Le dimanche, deux éléphants conduits par leur cornac promènent les petits enfants européens sur leur dos, dans un palanquin brodé d'or. Ils appartiennent à Sa Majesté Sisowath Ier, roi du Cambodge, dont les pouvoirs ne sont guère que d'apparat. Le corps de ballet qu'il entretient dans son palais est justement célèbre pour la perfection et la grâce des évolutions de ses danseuses, qui, avec ses musiciens, feront l'admiration des visiteurs à l'Exposition coloniale de Vincennes en 1931.

1

2

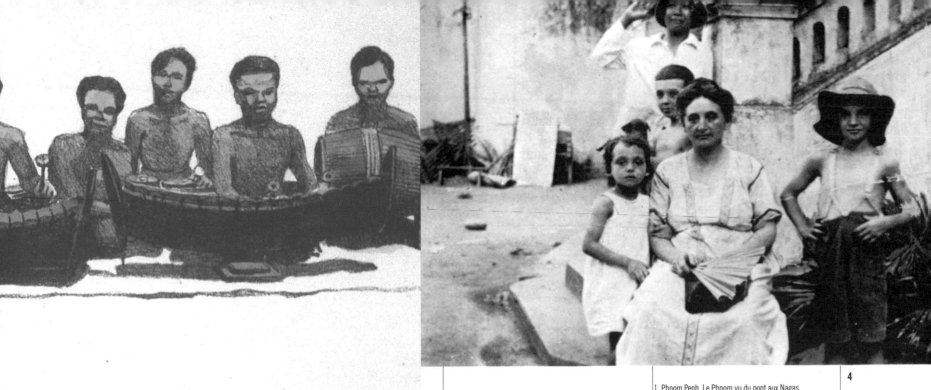

1. Phnom Penh. Le Phnom vu du pont aux Nagas
au début du XXe siècle.
2. La fête des Eaux à Phnom Penh, 1920-1921.
3. Danses traditionnelles cambodgiennes, 1921.
4. Marie Donnadieu et ses enfants, Hanoi, 1919-1920.
« La photo du désespoir », dira Marguerite Duras.
5. Lettre d'Henri Donnadieu au résident supérieur
du Cambodge, demandant son rapatriement en France
pour raisons de santé, mars 1921.

3

4

5

GOUVERNEMENT GÉNÉRAL
DE
L'INDOCHINE

RÉPUBLIQUE FRANÇAISE
LIBERTÉ – ÉGALITÉ – FRATERNITÉ

PROTECTORAT DU CAMBODGE

Phnôm-Penh, le 31 MARS 1921

ENSEIGNEMENT PUBLIC

N° 269-C.

Objet:

Le Directeur de l'Enseignement primaire

à Monsieur LE RESIDENT SUPERIEUR au Cambodge

PHNOM-PENH.

Mon état de santé ne s'améliorant et laissant beaucoup
à désirer, j'ai l'honneur de vous prier de bien vouloir me
faire présenter devant un Conseil de Rapatriement excep-
tionnel et de demander qu'un passage me soit réservé sur
un des plus prochains courriers.

J'aurai 4 ans de séjour colonial ininterrompu au 21
Juin prochain faisant suite à 1 an 4 mois 7 jours de
mobilisation.

Aussitôt que mes forces me le permettront, je viendrai
m'entretenir avec vous au sujet du service que je quitte
avec regret. Mais père de cinq enfants, je n'ai pas le droit
de compromettre plus longtemps ma santé.

Je rentrerai seul, Madame DONNADIEU et les enfants
resteront à Phnom-Penh./.

1. Le *Chili*, paquebot des Messageries Maritimes, début du xxᵉ siècle.
2. Affiche publicitaire pour la station thermale de Plombières-les-Bains, début du xxᵉ siècle.
3. Vue des thermes de Plombières-les-Bains, xxᵉ siècle.
4. Télégramme de condoléances du directeur de l'Instruction publique à Saigon à Mᵐᵉ Donnadieu après le décès d'Henri Donnadieu.
5. Tombe d'Henri Donnadieu au cimetière de Lévignac-de-Guyenne.
6. Acte de vente du domaine de Platier à Henri Donnadieu, enregistré à Marmande le 5 décembre 1921.

Mort un jour de décembre

Le climat du Cambodge est difficile à supporter pour un organisme affaibli par des années de service à la colonie. Celui d'Henri Donnadieu, qui a déjà été sérieusement éprouvé par son séjour en Cochinchine quelques années plus tôt, ne résistera pas très longtemps. En mars 1921, son état de santé est jugé suffisamment préoccupant pour qu'on lui accorde un congé de six mois et qu'on autorise son rapatriement en urgence. Il part seul, espérant être de retour à l'automne pour la rentrée des classes. Son épouse restera sur place avec les enfants pour terminer l'année scolaire. Parti de Saigon le 24 avril sur le paquebot *Chili*, il débarque à Marseille le 23 mai. Il se rend tout d'abord dans le Lot-et-Garonne où se trouvent Jean et Jacques Donnadieu, les deux fils de son premier mariage. Pour tenter de venir à bout de la dysenterie chronique dont il souffre, il fait une longue cure dans les Vosges pendant l'été, dans la station thermale de Plombières-les-Bains. Sans grande amélioration. Le médecin chef lui déconseille formellement un nouveau départ pour la colonie et prescrit un long repos, lui ôtant ainsi tout espoir de rejoindre sa famille à Phnom Penh. En octobre, de retour dans la région de Marmande, il va consulter un spécialiste à Bordeaux. Plusieurs semaines passent. Très malade, il meurt le 4 décembre dans le petit village de Pardaillan, dans la vallée du Dropt, à quelques kilomètres à l'est de Duras. Il venait tout juste d'y faire l'acquisition d'un domaine agricole d'une quinzaine d'hectares, le domaine de Platier. Jean Donnadieu, qui se trouvait à son chevet au moment de son décès, prévient par télégramme celle qu'il appelle « ma mère ». En l'absence de celle-ci, Henri Donnadieu sera enterré non loin de là, à Lévignac-de-Guyenne. Il repose dans le caveau de famille de sa première femme.

ICI REPOSE
EMILE DONNADIEU
DIRECTEUR DE L'ENSEIGNEMENT
EN COCHINCHINE
DÉCÉDÉ LE 4 DÉCEMBRE 1921
A L'AGE DE 49 ANS

5

6

TÉLÉGRAMME OFFICIEL

Phnôm Penh, le 7/12 1921 à   h.

N° 1083   RÉSIDENT SUPÉRIEUR A   Directeur Instruction

Publique   Henri Saigon

Ai regret vous faire part décès M. Donnadieu

survenu France stop Nouvelle reçue par câblogramme

privé à Mme Donnadieu./.

Signé: Baudoin

Série I, n° 11   Télégramme

INDICATIONS DE RÉCEPTION

Indications de service

PHNOMPENH

...LEON 1448-22 B 15-50 Mots   Dépôt le   a h.   m. du

DIRECTEUR INSTRUCTION PUBLIQUE A RESIDENT SUPERIEUR PHNOM

... AOUT PRIE TRANSMETTRE MADAME DONNADIEU ET PERSONNEL

ENSEIGNANT EXPRESSION MES SENTIMENTS SINCERES CONDOLEANCES

AVIS. — Dans les télégrammes imprimés en caractères romains par l'appareil télégraphique, le premier nombre qui figure après le nom
du lieu d'origine est un numéro d'ordre, le second indique le nombre des mots taxés, les autres désignent la date et l'heure du dépôt.

4

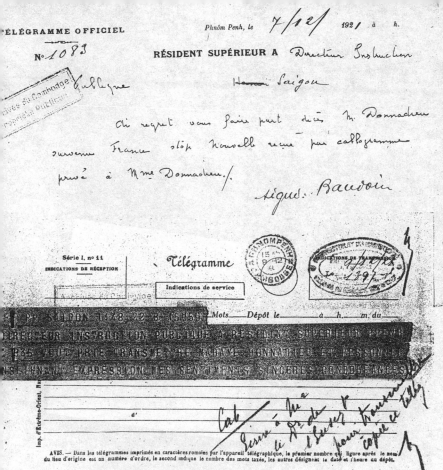

CONSERVATION DES HYPOTHÈQUES   N° 67.
(Août 1921.)

de Marmande

Transcription du Cinq Décembre mille neuf cent vingt un.   Vol. 1222   n° 32

Dépôt :   Vol. 224   n° 403

Inscription d'office :   Vol.   n°

Taxe : 180 f.   Salaires : 120 f.

(Intitulé réservé à l'usage exclusif du conservateur.)

TEXTE DE L'ACTE OU DU JUGEMENT À TRANSCRIRE	CADRE RÉSERVÉ AU CONSERVATEUR. (Le requérant ne doit, sous aucun prétexte, écrire dans cette marge.)
Pardevant Me Bompart notaire à Allemans du Dropt canton de Lauzun Lot et Garonne, soussigné a comparu : Madame Fanny Victoire Henriette Coulon sans profession, épouse de Mr Charles Jean Combaud propriétaire agriculteur, avec lequel elle est domiciliée et elle demeure au lieu de Platier, commune de Pardaillan, canton de Duras-Aginant tant en nom et comme mandataire dudit monsieur Charles Jean Combaud, son mari, aussi témoins de la procuration en minute qu'il lui a donnée devant Me Bompart notaire soussigné, le onze du mois courant et qui sera enregistrée avant ou en même temps que le présent acte qu'en son nom personnel à raison de la communauté légale de biens existant entre elle et son dit mari et en vertu des pouvoirs et autorisations à elle conférés par ce dernier, aux termes de la susdite procuration. Laquelle, esqualités, a déclaré par les présentes, vendre en obligeant son mandant conjointement et solidairement avec elle et en s'obligeant conjointement et solidairement avec son dit mari à toutes garanties de fait et de droit. A monsieur Henri Donnadieu, directeur de l'enseignement primaire au Cambodge, actuellement en congé à Marmande, rue Carzeau (Lot et Garonne) où il demeure, ici présent et qui accepte, 1er Le domaine de Platier situé dans la commune de Pardaillan canton de Duras (Lot et Garonne) aux lieux dits, Platier, Sables de Platier, Rientorot, Gros Bois, village du Dropt, Mauria, Rochés Peyreux, Tènement de Penauty, composé	248-15 f 228-41 f 91-132 f

1. Le triage des prunes dans la région d'Agen, début du XXe siècle.
2. L'abbé Duffau, curé de Pardaillan, années 1920.
3. L'église de Pardaillan.
4. Placard annonçant la vente du domaine de Platier, le 22 décembre 1923.
5. La place du Marché à Duras, début du XXe siècle. Au fond, l'entrée du château des anciens ducs de Duras.
6. Marie Donnadieu, années 1920.
7. Vieux moulin à eau sur le Dropt, aux environs de Duras. Double page suivante : terrasse du Grand-Hôtel de la Rotonde à Saigon.

Etude de Me Jean BRANDA, Avoué licencié en droit à Marmand
Avenue du Maréchal Foch

VENTE PAR VOIE DE LICITATION
EN UN LOT
DU DOMAINE DE PLATIER
AVEC
BELLE MAISON de MAITRE
Situé Commune de PARDAILLAN, Canton de Duras, Arrondissement de Marmande

Séjour au pays de Duras

Après la mort de son époux, Marie Donnadieu décide de terminer l'année scolaire à Phnom Penh où elle continue à diriger l'école Norodom. L'Administration coloniale accorde aux fonctionnaires de l'Enseignement qui ont accompli trois années consécutives de service en Indochine un congé de six mois avec passage gratuit pour l'ensemble de la famille. Au début des grandes vacances, la veuve du directeur de l'Enseignement n'a aucun mal à obtenir le sien du résident supérieur au Cambodge. Le 7 juillet 1922, accompagnée de sa fille et de ses deux fils, elle s'embarque à Saigon sur le paquebot *Azay le Rideau* qui rejoint Marseille le 5 août suivant. Hormis une ou deux visites dans la famille de Marie Donnadieu à Bonnières, Marguerite et ses frères passeront l'essentiel de ce nouveau séjour en France, qui va durer deux années, dans la maison achetée par leur père à Pardaillan. C'est dans ce village du Lot-et-Garonne que le futur écrivain découvre, de huit à dix ans, les charmes mais aussi la rudesse de la vie paysanne dans la France des années 1920. Elle s'en souviendra dans les années 1940, lorsqu'elle écrira son premier roman, *Les Impudents*. Le domaine de Platier possède un parc, une métairie, un four à prunes (pour confectionner les fameux pruneaux d'Agen), des vignes, une plantation de tabac, ainsi que des prairies où gambader entre deux dictées que sa mère lui fait faire à la maison. Mᵐᵉ Donnadieu, en bonne catholique, s'est liée d'amitié avec le curé de la paroisse, l'abbé Duffau, qui la conseille pour ses affaires. Celles-ci sont compliquées, car il faut régler le problème de la succession d'Henri Donnadieu, décédé sans laisser de testament. Cela prendra quelques bonnes années. Quant à Duras, sa duchesse et son château historique, Marguerite y songera lorsqu'il s'agira de se choisir un nom en littérature.

6

7

5

1924
1928

Grandir au bord du Mékong

Marie Donnadieu a quitté Phnom Penh munie d'un congé de six mois. De prolongation en prolongation, deux années se sont écoulées depuis son départ et l'Administration s'impatiente. Elle doit prendre une décision au sujet de sa carrière et songer à l'avenir de ses enfants.

Demeurer au pays est une option qu'elle a sans doute envisagée. Elle pourrait obtenir un poste dans son département d'origine et être réintégrée dans les cadres métropolitains de l'Instruction publique. Cependant, son salaire serait réduit de moitié, alors qu'elle est maintenant le seul soutien financier de la famille. Il y a bien ce domaine dans le Lot-et-Garonne, mais, outre qu'il est d'un rapport incertain, ses deux beaux-fils en ont leur part, ce qui ne simplifie pas les choses. Elle vient d'avoir quarante-sept ans et sa constitution, quoique passablement éprouvée par ces années passées en climat tropical, reste solide. Et c'est sans compter son goût de l'aventure et la passion qu'elle apporte dans l'exercice de son métier d'institutrice auprès de jeunes élèves de races et de cultures différentes. Les horizons professionnels que lui offre la métropole doivent lui paraître bien ternes comparés à ce qu'elle a vécu jusqu'alors aux colonies, tout comme la vie de province en France doit lui sembler étriquée par rapport à la situation privilégiée qu'elle a connue à Saigon, Hanoi ou Phnom Penh. Quelles qu'en soient les raisons, la décision qu'elle prend alors de retourner en Indochine va avoir des conséquences incommensurables sur la vie de Marguerite et de ses deux frères.

Dans les premiers jours de juin 1924, Mme Donnadieu et ses trois enfants disent adieu à leurs voisins de Pardaillan et, les malles du retour bouclées, se dirigent vers Marseille où, le 5, ils montent à bord de l'*Amazone*, l'un des gros bateaux de la « Ligne de Chine » affrétés par les Messageries Maritimes pour assurer la liaison avec Shanghai, *via* Saigon et Hong Kong. La jeunesse indochinoise de Marguerite Duras va pouvoir commencer.

1. Marguerite au bord du Don Nai vers 1928-1929.

Retour à Phnom Penh

L'*Amazone*, comme tous les long-courriers qui font route vers l'Extrême-Orient, est un très beau bateau. Les premières classes (dont bénéficient nos passagers au compte du budget colonial) offrent un confort et une restauration réputés. La vie à bord obéit à tout un rituel mondain propre à créer une impression durable dans l'imagination d'une fillette comme Marguerite. Et puis, il y a les escales : Port-Saïd, Djibouti, Colombo, Penang, Singapour..., autant d'objets d'émerveillement. Sa mère, elle, est inquiète. Sans nouvelles de son affectation, à l'escale de Colombo, elle envoie un télégramme à Hanoi pour solliciter sa nomination dans cette ville, mettant en avant l'éducation de ses fils. À l'arrivée à

Saigon le 1er juillet, elle a la mauvaise surprise d'apprendre qu'elle est maintenue à Phnom Penh où elle n'a pas que de bons souvenirs. Pour comble de malchance, la direction de l'école Norodom a été confiée à une autre institutrice qui n'a aucune intention de lui laisser la place. Sans logement (l'appartement de fonction est occupé par le remplaçant d'Henri Donnadieu), elle se voit contrainte de descendre avec ses enfants dans le seul hôtel décent de la ville, le Grand Hôtel Manolis — ce qui n'arrange en rien ses finances. En vain tentera-t-elle d'apitoyer le gouverneur général sur sa situation. Il n'y a pas de poste pour elle à Hanoi, et le nouveau directeur de l'Enseignement au Cambodge, qui n'est pas de ses amis, ne sait que faire d'elle à Phnom Penh. Elle doit se résigner, à la fin de l'été, à

renvoyer son fils aîné en France, faute de cours secondaire sur place. Pierre Donnadieu, qui vient d'avoir quatorze ans, sera confié à la garde de l'abbé Duffau — à charge pour celui-ci de surveiller ses études. Paul et Marguerite resteront avec leur mère. À la fin de l'automne 1924, celle-ci retrouve finalement la direction d'une école, mais en Cochinchine.

Phnompenh, le   Juillet 1924

Madame Vve DONNADIEU institutrice ppale de Ière cl.
à Monsieur le Gouverneur Général de l'Indochine,

Monsieur le Gouverneur Général,

J'ai l'honneur de vous adresser la requête suivante en
vous priant de vouloir bien l'examiner.
Le Ier Juillet dernier,j'arrivai de France par "l'Amazone".J'appris donc à Saigon mon affectation au Cambodge.Cette
nouvelle m'aurait été très agréable si j'avais été seule,car
Directrice de l'Ecole de Jeunes filles Norodom en I921-22,je
m'étais attachée de tout coeur à mes fonctions.Mais j'ai trois
enfants dont deux garçons âgés respectievement de I4 et I3 ans.
Ils ont fini leur classe de 6e et aucun établissement scolaire
français à Phnompenh ne leur permet de continuer leurs études.
C'est pourquoi,de Colombo,j'avais télégraphié à M. le Chef local
du Service de l'Enseignement au Tonkin,pour le prier de m'af-
fecter à Hanoi,en raison de l'éducation de mes fils.N'ayant
pas obtenu satisfaction,je viens de nouveau,Monsieur le Gouverneur Général,solliciter de votre bonté la même faveur.Voici
les vacances scolaires,peut-être pourrait-on me trouver un
poste à Hanoi où j'ai d'ailleurs déjà exercé pendant quatre ans

D'autre part, le poste de Directrice que j'occupais ici
avant mon départ pour France n'est pas libre,de sorte que malgré mon grade et mon ancienneté dans le service,je suis obligée
de vivre à l'hôtel avec mes trois enfants,faute de logement -
le principal de ma solde passe dans cetteinstallation sans
confort.Or,je possède une maison à Hanoi,où je pourrais me
loger facilement et sans frais.
Enfin,Monsieur le Gouverneur Général,permettez-moi
d'ajouter le dernier motif de ma requête.Mon pauvre mari,mort
en I92I possédait,d'un premier lit,deux enfants,dont l'un est
encore mineur.J'ai eu,à cause de cela même de grands ennuis et
je me trouve encore à l'heure qu'il est dans l'obligation de
liquider la succession en vendant par licitation cettemaison d
dont je vous parle plus haut.Il me faut être sur les lieux mêmes et si je ne suis pas nommée à Hanoi,je serai obligée d'y
aller à mes propres frais pendant ces vacances,ce qui m'occa-
sionnera des dépenses énormes.
En considération detoutes ces raisons que je soumets à
votre esprit de justice,Monsieur le Gouverneur Général,je me
permets de vous rappeler quemon pauvre mari fut,en Indochine
un fonctionnaire zélé pendant I7 ans,qu'il fut Chef de service
à Hanoi et au Cambodge - que moi-même j'exerce à la Colonie
depuis 20 ans.Je me suis toujours dévouée à l'éducation des
enfants qui m'ont été confiés,et il n'est pas possible qu'à
l'heure où les miens ont besoin d'appui,leur avenir soit com-
promis.Cette question est pour moi angoissante et alourdit ma
tâche.
J'ose espérer,Monsieur le Gouverneur Général,que vous
accueillerez favorablement ma demande et je vousprie de vouloir bien agréer,avec toute ma gratitude mes sentiments les
plus respectueux./.

Signé: Mme Veuve DONNADIEU   3

P. C. C.
P. le Chef du Service du Personnel
Le Chef du 2e Bureau

4

jeudi 2 octobre 11.24

Chère Yvette

j'ai été bien contente de
recevoir ta lettre.Ne t'inquiè
te pas sur notre santé
nous allons très bien.je vais
en classe mais mes petites
amis ne sont pas gentilles
je regrette bien souvent
la bonne petite amie
que j'avais à Hanoi.
Mais depuis quelques jours
j'ai une bonne petite
amie qui vient d'arriver
à Phnom Penh la petite

Mais Pierre est parti
à Paris au lycée, ça me
fait beaucoup de peine
aux vacances il viendra
vous dire bonjour.
je t'embrasse bien
fort ainsi que ta
maman et Madame
Paquier.

Marguerite Donnadieu

5

1. Paul Donnadieu en maillot rayé, en compagnie d'un groupe
d'Européens à Vinh Long, vers 1925.
2. Salon du Grand Hôtel de Phnom Penh dans les années 1920.
3. Lettre de Marie Donnadieu au gouverneur général
de l'Indochine demandant son affectation à Hanoi, juillet 1924.
4. Yvette Amelin, l'amie de Marguerite, en costume
de Mardi-Gras, à Pardaillan, vers 1924.
5. Lettre de Marguerite Donnadieu adressée de Phnom Penh
à son amie Yvette Amelin, octobre 1924.

Des postes de brousse : Vinh Long

De 1925 à 1930, Marie Donnadieu va être can-
tonnée dans des « postes de brousse ». Vinh
Long, sa première affectation, se trouve à cent
trente kilomètres de Saigon, perdue au milieu
de l'immense delta du Mékong, entre la plaine
des Joncs et la mer de Chine. Pour Marguerite,
qui va sur ses onze ans, « c'est déjà la plaine
des Oiseaux, le plus grand pays d'eau du
monde ». Bien que située à l'intérieur des
terres, Vinh Long a toujours vécu en osmose
avec le fleuve, par lequel se fait l'essentiel du
commerce. Des marchés flottants jalonnent le
parcours des bateaux qui remontent lentement
le courant vers l'arrière-pays.
À l'arrivée de la nouvelle directrice de l'école
de filles (une école « franco-indigène », selon
l'appellation en vigueur), une centaine d'Européens vivent là, des fonctionnaires pour la
plupart, dont l'administrateur de la province
et son épouse. Leurs maisons à balustrades se
cachent derrière des jardins, le long de rues
tirées au cordeau. C'est un petit poste blanc
au milieu d'une population qui, depuis des
siècles, s'occupe de ses rizières. Le groupe
scolaire aligne ses longs bâtiments crépis
en jaune autour d'une grande cour plantée

28 instituteurs communaux.

Ecoles de jeunes filles.

Mme DONNADIEU, directrice de l'école du chef-lieu ;

7 instituteurs,
10 institutrices auxiliaires,
1 instituteur auxiliaire,
} Ecole du chef-lieu.

2 monitrices à l'école de Vung-liêm ;

2 monitrices à l'école de Cho-lach ;

2 monitrices à l'école de Tam-binh ;

1 moniteur et une monitrice à l'école de Nga-tu ;

1 moniteur et une monitrice à l'école de Cai-nhum.

DIVISIONS ADMINISTRATIVES

NOMS DES CANTONS	NOMBRE DE :		
	villages	inscrits	dispensés
Binh-an	8	4.755	860
Binh-chanh	6	3.340	665
Binh-hiêu	5	1.800	280
Binh-hung	7	2.735	450
Binh-long	7	4.750	675
Binh-phu	10	5.060	810
Binh-quoi	5	2.279	380
Binh-thanh	4	2.285	395
Binh-thiêng. . . .	6	2.765	355
Binh-thoi	6	4.370	650
Binh-trung	10	4.800	620
Binh-xuong. . . .	5	2.290	320
Minh-ngai	5	2.355	430
Total	84	43.584	6.890

Départ N° 693.

Vinhlong, le 26 Mars 1928.

Madame Donnadieu, Directrice de
l'École de Filles à Vinhlong,
à Monsieur le Gouverneur Général
de l'Indochine.

Monsieur le Gouverneur-Général,
J'ai l'honneur de venir vous prier de
vouloir bien m'accorder le rembour-
-sement des frais de passage de Mar-
-seille à Saigon de mon fils Pierre
Donnadieu.
Ayant achevé la période
réglementaire de trois années consé-
-cutives de présence, je m'engage
à faire un nouveau séjour de trois
années.
Ci-joint les pièces réglemen-
taires exigées à titre de renseignements.
Dans l'espoir que vous voudrez
bien m'accorder satisfaction,
j'ai l'honneur de vous prier d'agréer
E.S.V.T.

d'arbres ; il ressemble à s'y méprendre à tous ceux que le pouvoir colonial a essaimés un peu partout en Indochine. La famille Donnadieu habite la maison de fonction attenante. Paul et Marguerite apprennent l'orthographe sous la férule maternelle. Pour se distraire, le « petit frère » joue au tennis sur le court de la résidence. Le soir, lorsque la grosse chaleur retombe, leur mère fait atteler la victoria à deux chevaux pour faire une promenade.

« *Je me souviens, on passait près d'un lazaret et ensuite on traversait des rizières et on revenait par les rives du Mékong. La nuit venait quand on rentrait.* »

1. Marie Donnadieu et ses enfants dans une calèche à Vinh Long.
2. La cour de l'école de Vinh Long.
3 et 4. Annuaire administratif de la province de Vinh Long.
5. Marguerite Donnadieu en Indochine, vers 1927-1928.
6. Lettre de Marie Donnadieu au gouverneur général de l'Indochine demandant le remboursement des frais de voyage de son fils Pierre Donnadieu, Vinh Long, 1928.
7. Marguerite Donnadieu vers 1926-1927.
8. Paul et Mᵐᵉ Donnadieu à l'école de Vinh Long, vers 1926-1927.
Double page suivante : vue du Mékong.

7

8

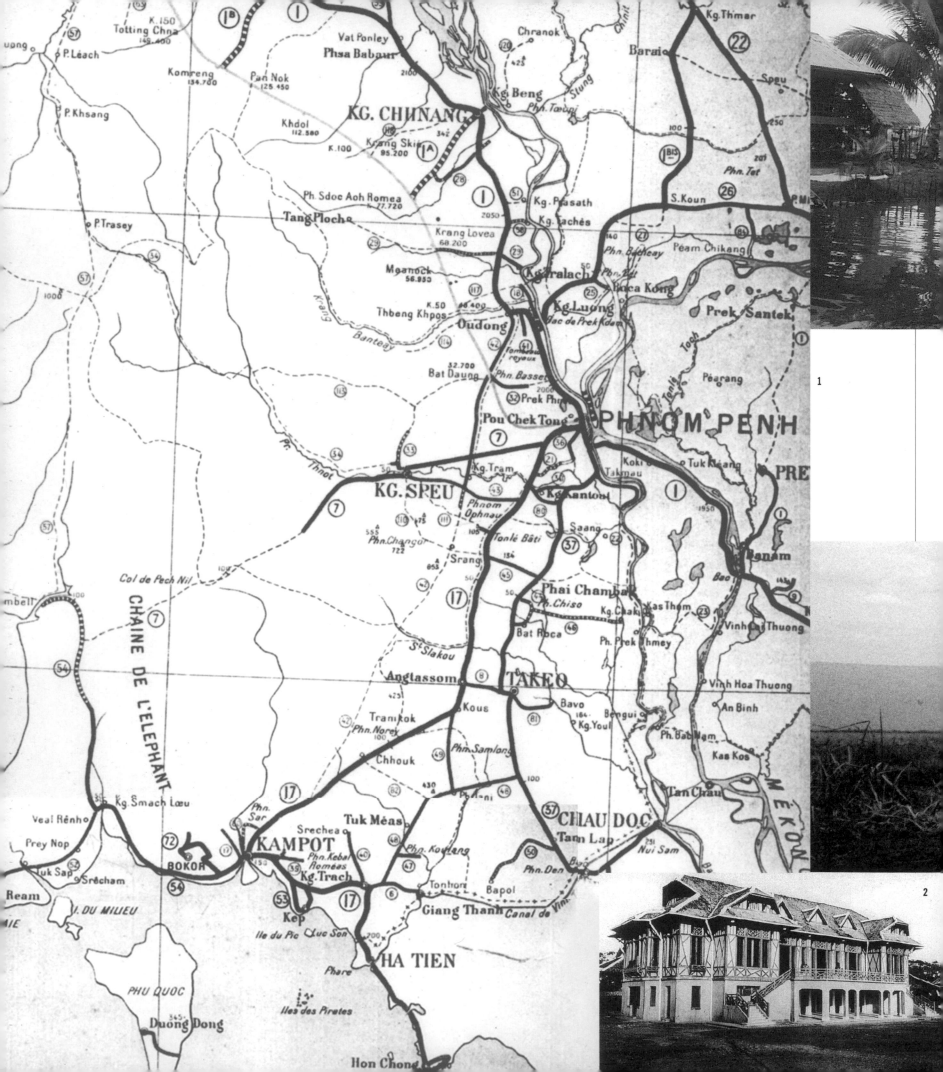

B12 décapotable). Pierre en profite pour revenir de France cet automne-là, afin de prêter main-forte à sa mère. Il faut faire venir les ouvriers depuis la Cochinchine, construire un bungalow, défricher... La culture du riz aurait pu être d'un bon rapport, comme les poivrières dont les Chinois de la région sont les maîtres. Mais les infiltrations d'eau de mer brûleront les premiers semis pendant les grandes marées de la mousson d'été — ce qui ne découragera pas pour autant Mᵐᵉ Donnadieu. De cette lutte contre les éléments, Marguerite

Duras, des années plus tard, tirera une magnifique fiction, *Un barrage contre le Pacifique*, l'un de ses meilleurs romans. Ces séjours pendant les vacances scolaires, dans cette région où l'Administration française développe avec succès le grand tourisme international, la découverte d'une vie plus libre que dans les postes de sa mère, le contact avec une nature tropicale d'une grande beauté, seront pour la jeune adolescente une expérience inoubliable qui fécondera pour longtemps son imaginaire.

Une concession au Cambodge

Dans le courant de juillet 1927, soucieuse d'assurer l'avenir de ses deux fils dont les études ne laissent pas augurer favorablement de leur carrière, Marie Donnadieu a fait l'acquisition d'une concession agricole de deux cents hectares au sud du Cambodge, dans la province de Kampot, en bordure du golfe de Siam. « Il y avait cette espèce de plaine [...],

une sorte de plateau, et au nord il y avait la chaîne de l'Éléphant, et au sud c'était cette espèce de pays où il n'y avait plus de villages, plus d'habitations, un pays d'eau et de marais. Avec, en bordure de mer, les forêts de palétuviers, qui étaient seules à émerger sur des centaines d'hectares à la saison des hautes eaux. » Plus de six cents kilomètres de route depuis le delta du Mékong qui justifient l'achat d'une voiture automobile (une Citroën

1. Carte du Cambodge : la route de Kampot.
2. Le bungalow de Kep, station balnéaire de la province de Kampot, années 1920.
3 et 6. Emplacement de la concession de Mᵐᵉ Donnadieu à Prey Nop, province de Kampot, Cambodge.
4. Une Citroën B12.
5. Village cambodgien avec maisons flottantes.

1928
1933

Les années de lycée

« Ma mère s'occupa alors de moi et se décida à me faire faire des études. »

À la rentrée scolaire de 1928, Mme Donnadieu se résout à envoyer Marguerite en pension à Saigon afin de ne pas compromettre davantage ses chances de faire des études. Elle choisit de la faire inscrire au collège Chasseloup-Laubat — qui devient lycée cette année-là — plutôt qu'à l'école primaire-supérieure de jeunes filles. « Ce sera le secondaire pour la petite. » Tournant décisif. La préparation du baccalauréat offre à la jeune fille la seule perspective d'entrer un jour à l'université. Paul Donnadieu, qui aime bien sa jeune sœur, aurait insisté pour qu'on prenne cette décision. « Moi qui n'ai pas ton intelligence, je ne mérite pas les sacrifices que maman fait pour toi. » Voici donc la jeune sauvageonne séparée de sa mère pour la première fois, seule dans une grande ville où elle n'est guère revenue que pour passer son certificat d'études en 1925 (à onze ans, par dispense spéciale). Elle vient à peine de fêter son quatorzième anniversaire, mais elle grandit et commence à se maquiller sous les regards courroucés de Madame mère et les commentaires goguenards du frère aîné. Celui-ci, âgé de dix-huit ans, ne fait pas grand-chose. Il se verra renvoyé en France à la fin de l'année suivante pour y faire de problématiques études d'électricité. Paul, plus soumis, suit les cours par correspondance de l'École universelle. Marguerite, quant à elle, entre probablement directement en classe de quatrième ou de troisième à Chasseloup-Laubat, sa mère l'ayant fait travailler à domicile les années précédentes. Ces années de pension et de lycée vont avoir sur sa vie et sur sa carrière une influence déterminante.

1. Marguerite Donnadieu, vers 1930.

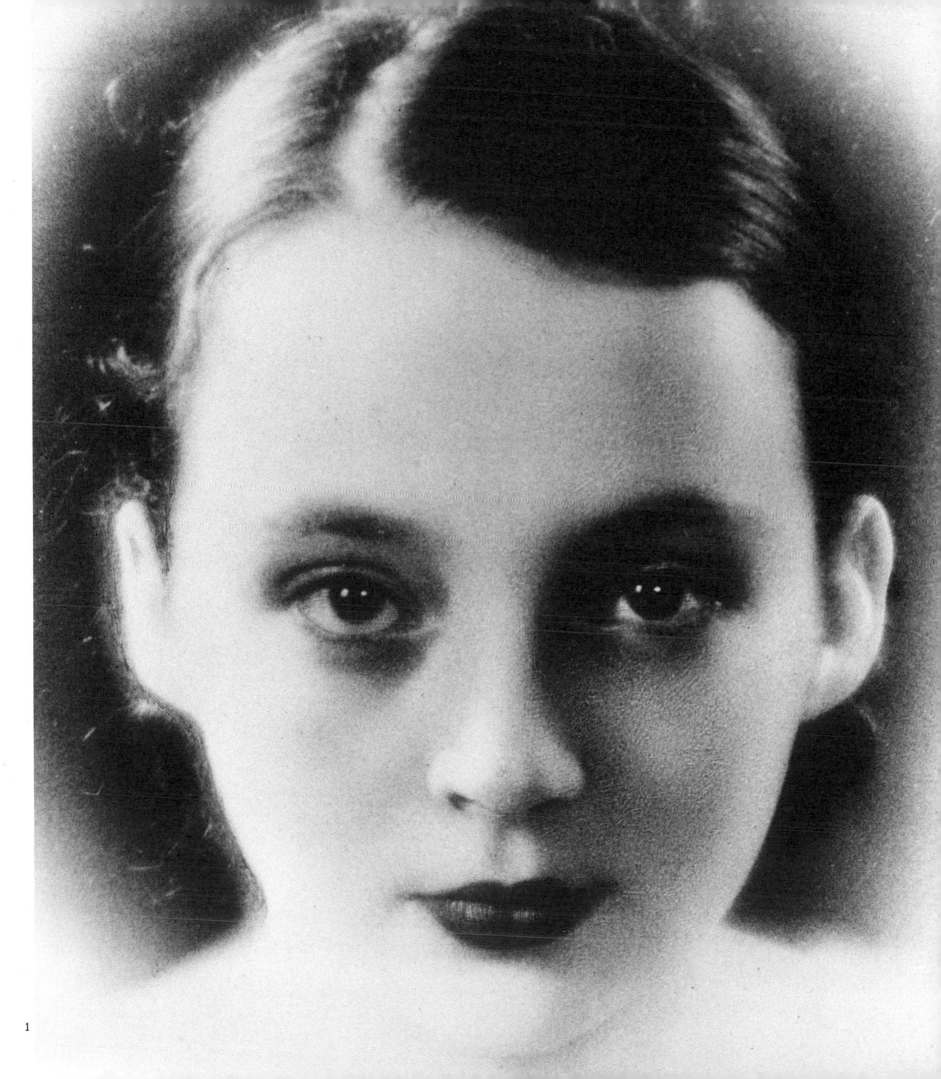

1

Des postes de brousse : Sadec

À la rentrée scolaire de 1928, Marie Donnadieu a quitté Vinh Long pour Sadec, un autre poste colonial à une vingtaine de kilomètres au nord, sur le même bras du Mékong, le Tiên Giang. Ce chef-lieu de la province du même nom est plus important, ainsi que l'attestent la taille de la résidence de l'administrateur et celle des nombreux bâtiments officiels qui parsèment la ville des deux côtés du Rach Sadec : tribunal de première instance, Trésor, Douanes et Régies, Travaux publics, Postes et Télégraphes, Services agricoles, Police sanitaire maritime..., sans oublier la caserne de la gendarmerie et les cantonnements militaires. Un certain nombre de fonctionnaires sont d'origine annamite et forment ce qu'on appelle alors le « personnel indigène ». À Sadec, cela va jusqu'au juge de paix. La fille de ce dernier devient l'amie de Marguerite, qui se plaît à se faire photographier avec elle en costume local. Certains marchands annamites, qui ont pignon sur rue, confient leurs aînées à l'école que dirige Mme Donnadieu d'une main ferme. Elle a été créée en 1902 par le service de l'Instruction publique de Cochinchine, pour faire pièce à l'institution des sœurs de Saint-Paul de Chartres, qui n'enseignaient que le catéchisme à leurs élèves — et ceci en *quoc ngû*, la langue locale. La directrice habite une belle maison au milieu d'un jardin où abondent pommiers canneliers et autres arbres exotiques. Son élégante façade, son perron à balustrade et sa grande véranda à auvents ouvragés sont la preuve que la mère de Marguerite Duras jouit d'un standing en rapport avec la dignité de sa fonction. Elle doit tenir son rang dans cette charmante cité, dont la promenade ornée de réverbères très victoriens fait songer à quelque sous-préfecture transplantée sous les tropiques.

1. Vue de Sadec dans la première partie du xxᵉ siècle.
2. La maison de Marie Donnadieu à Sadec.
3. Carte routière de la région de Saigon, en 1932.
4. « C'est le fleuve », page dactylographiée de *L'Amant*.
5. Sortie des classes à l'école de Vinh Long, années 1920.
6. Résidence de l'administrateur de la province de Sadec, années 1920.
7. Marguerite et sa mère sur la terrasse de la maison de Sadec en 1931, peu de temps avant leur départ pour la France. À gauche, Dô, la gouvernante, et Tanh, un jeune Cambodgien recueilli par Mme Donnadieu.
8. Embarcadère d'un bac en Indochine.

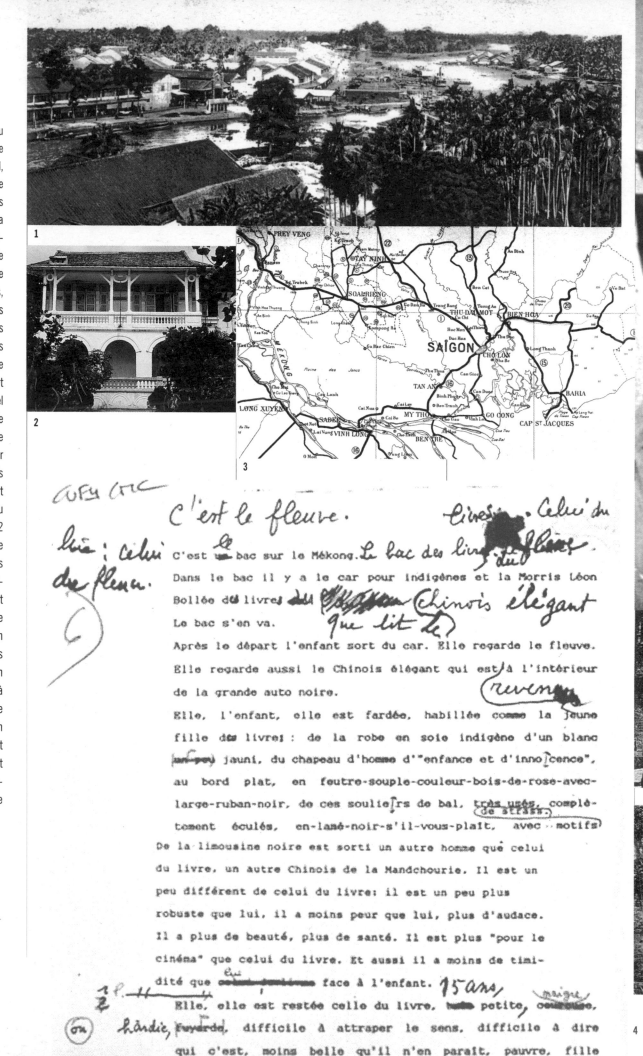

4

7

5

6

8

À Chasseloup-Laubat

Comme le lycée de Saigon ne possède pas d'internat pour les filles, Marguerite est, dans un premier temps, hôte payante chez une certaine Mlle C. De cette dernière, elle fera plus tard une description pittoresque dans la nouvelle *Le Boa*, publiée en 1954. Sa mère parviendra par la suite à la faire admettre comme boursière à l'internat de l'école primaire supérieure des Filles françaises. Cette nouvelle pension fournira, elle aussi, tout un pan de décor à la future romancière lorsqu'elle écrira *L'Amant*. Chasseloup-Laubat est un grand lycée, comparable par sa taille aux lycées des principales villes de France. À la rentrée de 1928, 555 élèves y sont inscrits. Ils seront 633 en 1930, dont 355 dans les classes secondaires, de la sixième aux classes terminales. C'est un établissement mixte, au regard des races comme des sexes. Les jeunes filles s'y trouvent en minorité, avec 88 d'entre elles en 1930, contre 545 garçons. Les programmes sont sensiblement les mêmes qu'en France. Les professeurs sont, pour la plupart, détachés des cadres métropolitains. Ses bâtiments sont vétustes, mais il est situé dans l'agréable quartier résidentiel qu'on appelle « le Plateau », en bordure du parc Maurice-Long et des jardins entourant le palais du Gouverneur général. Marguerite est mauvaise en anglais, déteste Mme de Sévigné, mais ses compositions françaises obtiennent d'excellentes notes. Le jeudi, elle va parfois rue Catinat pour lécher les vitrines, voir des films au cinéma Eden, ou flâner devant la terrasse de l'hôtel Continental. En fin de semaine, elle prend l'autocar qui relie Saigon à Sadec pour aller embrasser sa mère. C'est au retour d'un de ces week-ends, sur le bac de My Thuan qu'il faut prendre pour traverser le Mékong, qu'elle rencontre le fils d'un riche marchand de Sadec qui lui fera la cour et dont elle fera, nostalgie et imagination aidant, le héros du roman qui lui vaudra le prix Goncourt.

1

1. Marguerite Duras et son amie, la fille du juge de paix de Sadec, en 1930.
2. La classe de philosophie du lycée Chasseloup-Laubat à Saigon, en 1932-1933.
À gauche au premier rang, Marguerite Donnadieu.
3. Une rue à Saigon.
4. Plan de Saigon, années 1930. Liste des théâtres et des cinémas.
5. L'entrée du lycée Chasseloup-Laubat.

2

5

3

MENT	5ᵉ ARRONDISSEMENT	6ᵉ ARRONDISSEMENT	7ᵉ ARRONDISSEMENT

RENSEIGNEMENTS UTILES
SAIGON
THÉÂTRES - CINÉMAS

Théâtre régional	101	E9	Place A. Foray
" Nguyên văn Hao	102	F8	Boulevard Galliéni
" Trung Ương Hi Viên	103	E8	Bᵈ Colonel Boudonnet
Cinéma Eden	104	E9	183 Rue Catinat
" Majestic	105	E10	21 Rue Catinat
" Bonard	106	E9	Boulevard Bonard
" Cathay	107	E9	Rue Mac Mahon
" Nam Viêt	108	E9	131 Rue Chaigneau
" Nam Quang	109	E8	Rue de Verdun
" Olympic	110	E8	119 Rue Chasseloup Laubat
" A Sam	111	C9	111 Boulevard Albert 1ᵉʳ
" Norodom	112	D9	Boul. Norodom
Casino de Saigon	113	E9	Rue Pellerin
" de Dakao	114	C9	Place de Dakao

4

L'année du bac

Dans les premières semaines de l'année 1931, Marie Donnadieu, ayant appris que son fils aîné était malade à Paris, décide de solliciter un congé administratif d'un an. Sa demande est agréée sans difficulté – avec passage gratuit en première classe pour elle et pour sa famille –, car elle a accompli, depuis son retour à la colonie, plus de six années consécutives de service. Le 28 février, elle s'embarque avec son fils Paul et sa fille Marguerite sur le *Compiègne,* un bateau de la « Ligne d'Indochine » qui relie Saigon à Marseille en trente jours, avec escale à Singapour, Madras, Pondichéry, Colombo, Djibouti et Port-Saïd. Selon une brochure des Messageries Maritimes, « les passagers de 1re classe sont logés dans des cabines vastes, bien aérées, admirablement meublées, sans couchettes superposées ; ils disposent de salles à manger, salles de bains, salons de récréation, de musique, bibliothèques, bars, fumoirs, etc. » De quoi occuper les longues journées en mer. À l'escale de Ceylan, Marguerite a sans doute visité le célèbre Prince of Wales Hotel, palace mythique qu'elle s'appropriera lorsqu'elle composera *India Song.* À celle de Port-Saïd, on a fait des photos souvenir. Marguerite est devenue une jolie jeune fille vêtue à la mode du jour, Paul un élégant garçon à la carrure athlétique. Leur mère, qui a sans doute pris les clichés, a sujet d'être fière de ses enfants. Le 30 mars, ils mettent le pied sur le quai de la Joliette. Pierre, apparemment rétabli, est heureux de retrouver les siens. C'est, lui aussi, un très bel homme, « le plus beau de toute l'Indochine », notera sa sœur dans ses cahiers.

1

1. Marguerite et son frère Paul en France, en 1932.
2. Vue de Port-Saïd, début du XXe siècle.
3. Marguerite dans le jardin de la Grande Mosquée de Port-Saïd en 1931.
4. Marguerite et son frère Pierre en France en 1932.
5. L'escale de Port-Saïd en 1931.

2

4

3

5

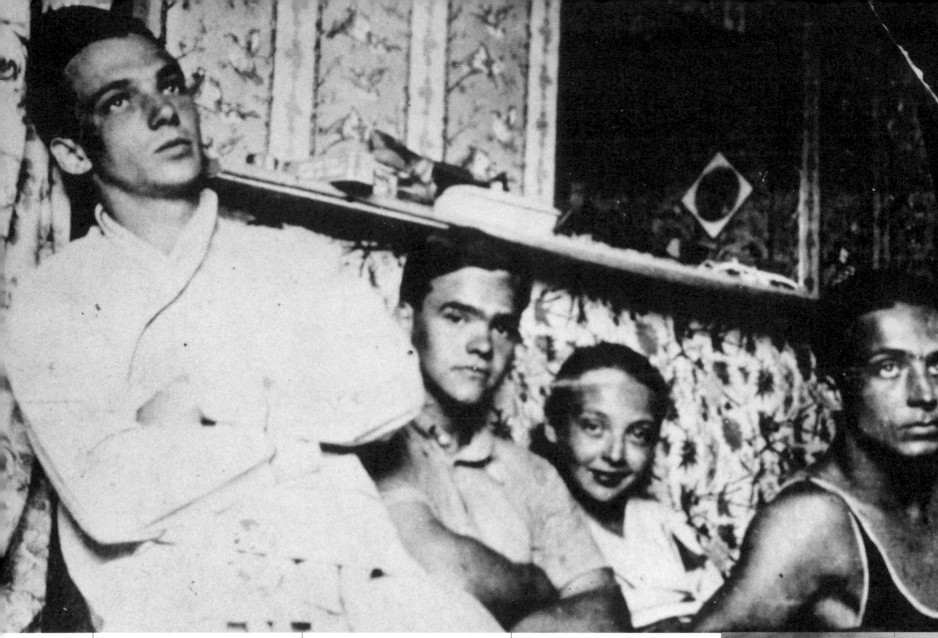

Avenue Victor-Hugo

De Marseille, le petit groupe se dirige vers Pardaillan où ils vont demeurer pendant un mois environ, le temps pour la veuve Donnadieu de mettre en vente le domaine de Platier afin de régler définitivement la succession de son mari. Pendant l'été, les voyageurs font un séjour dans la famille Legrand, chez un oncle de Marguerite qui habite dans la Somme, non loin de Bonnières, le village où résident d'autres parents de Marie Donnadieu. À l'automne, ils s'installent à Vanves, au numéro 16 de l'avenue Victor-Hugo, au septième étage d'un bel immeuble de style arts-déco récemment construit à côté du parc du

lycée Michelet. On retrouve, dans *Les Impudents*, « l'appartement ouvert en plein ciel [qui] semblait être à une hauteur vertigineuse [...] On y découvrait un paysage profond qui se prolongeait jusqu'à la traînée des collines de Sèvres ». Pendant l'année scolaire 1931-1932, Marguerite prépare la première partie du baccalauréat dans une école privée du XVIe arrondissement. C'est, près de l'église d'Auteuil, une « boîte à bachot » qui accueille les enfants de la bonne bourgeoisie. Elle fréquente des garçons de sa classe et sort aussi avec ses frères et un de leurs cousins, Paul Rembauville-Nicolle, qui a le même âge qu'elle. Elle va au bal, se promène au bois de Boulogne, fait du patin à glace à Molitor et

fréquente théâtres et cinémas parisiens. À la Comédie-Française, parmi les pièces classiques auxquelles elle assiste, c'est *Bérénice* qui la touche le plus. Le 4 avril, on célèbre ses dix-huit ans. En juillet, elle obtient sans difficulté son premier bac. Sa mère pleure de bonheur devant l'affichage des résultats.

1. Marguerite, son frère Paul (à gauche), leur cousin Paul Rembauville-Nicolle (au centre) et Pierre, dans l'appartement de Vanves, été 1932.
2. L'immeuble du 16 avenue Victor-Hugo à Vanves.
3. Marguerite et un groupe de camarades de classe à Paris en 1931-1932.
4, 5 et 7. Marguerite dans l'appartement de Vanves en 1932.
6. Paul Donnadieu dans l'appartement de Vanves.

3

4

5

6

7

1. Marguerite et son cousin Paul Rembauville-Nicolle
à Trouville, été 1932.
2. Marguerite et son frère Paul à Trouville en 1932.
3. Marguerite Donnadieu vers 1930.
4. L'hôtel des Roches-Noires à Trouville.
5. Vue de la basilique de Lisieux.
6. La patinoire Molitor à Paris dans les années 1930.
7. Reconstitution du temple d'Angkor Vat à l'Exposition
coloniale de 1931 à Paris.
Double page suivante :
À gauche : Marie Donnadieu dans l'appartement de Vanves en
1932. À droite : Marguerite Donnadieu et sa mère vers 1932.

La « plus grande France »

Lorsque la famille Donnadieu arrive en métropole au printemps de 1931, le président Doumer vient d'inaugurer solennellement la grande Exposition coloniale qui se tient cette année-là au bois de Vincennes. À la station Porte-Dorée, une nouvelle ligne de métro inaugurée l'hiver précédent, se déverse le flot des curieux. Ceux-ci peuvent admirer les merveilles des divers pays de l'Empire français ainsi que celles des autres puissances coloniales venues participer à ce que *L'Illustration* qualifie de « grande œuvre de paix ». Si les pavillons de l'Italie et des Indes néerlandaises sont parmi les plus remarqués, le clou de l'exposition est sans conteste la reconstitution à l'identique du célèbre temple d'Angkor Vat.

4

6

« Il faut que chacun se sente citoyen de la plus grande France, celle des cinq parties du monde », a déclaré Paul Reynaud, ministre des Colonies. Lorsque l'Exposition ferme ses portes à la fin de l'automne, sept millions de visiteurs lui ont donné raison. Aux vacances de Pâques suivantes, Marguerite découvre la Normandie et les plages de l'Atlantique. Elle visite Cabourg, Deauville et Honfleur. À Lisieux, très émue, elle se recueille devant la statue de sainte Thérèse. En août, elle séjourne à Trouville avec son cousin Rembauville. Ensemble, ils font des parties de billard japonais à l'hôtel des Roches-Noires. Cependant, à la fin de l'été, il faut à nouveau songer au départ. Ayant outrepassé la durée de son congé, Marie Donnadieu doit rentrer en Indochine sans plus attendre, emmenant avec elle Paul et Marguerite. Ils s'embarquent sur le *Bernardin de Saint-Pierre* le 14 septembre 1932. À la mi-octobre, ils sont de retour à Saigon.

5

7

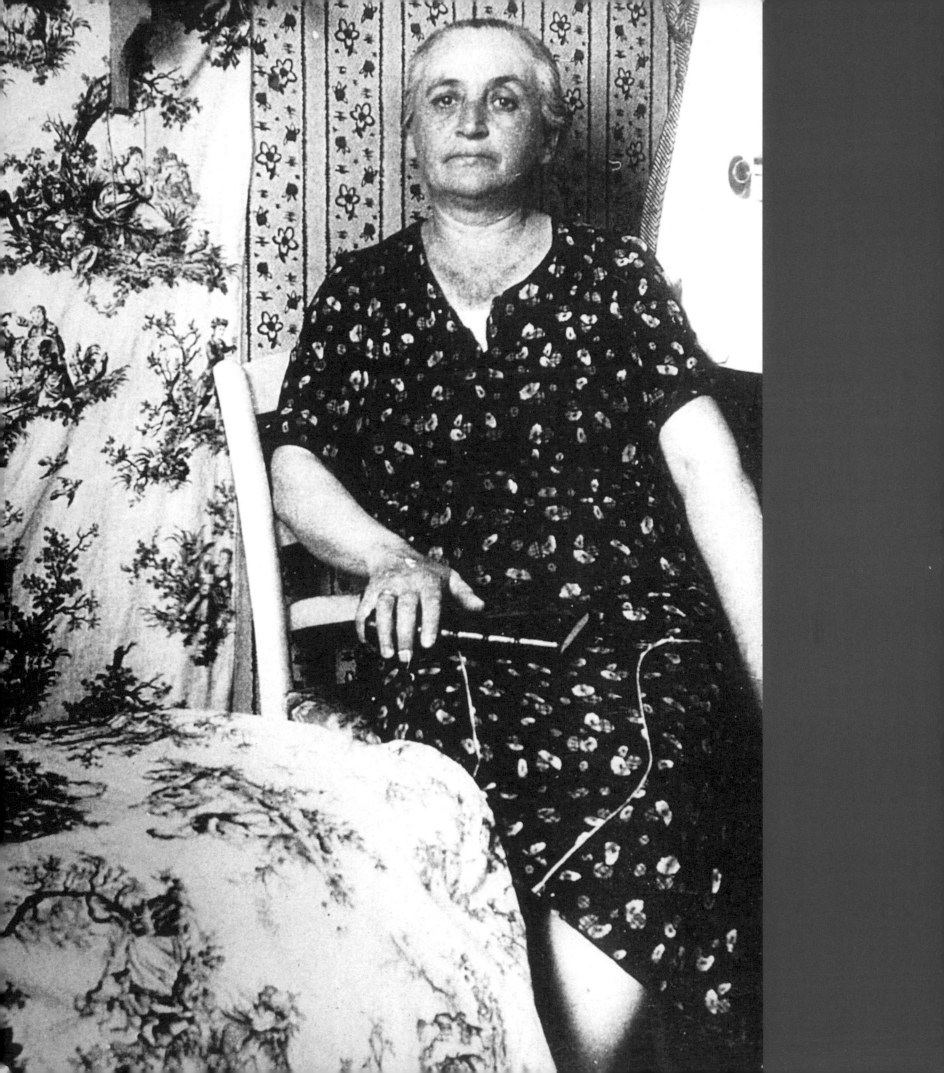

PHYSIQUE ET CHIMIE

1er	Prix	Mlle Marguerite Saulais
2e	»	Henri Doussot
Mention de Prix		Bùi-quang-Tùng
		Mlle Josette Fleuriot
1er	Accessit	Mlle Louise Morieul
2e	»	Jean Leguerre
3e	»	Mlle Marguerite Donnadieu
4e	»	Charles Robert

1

RÉPUBLIQUE FRANÇAISE
LIBERTÉ — ÉGALITÉ — FRATERNITÉ

GOUVERNEMENT de la COCHINCHINE
CABINET du GOUVERNEUR
Bureau du Personnel
N° 3419

LE GOUVERNEUR DE LA COCHINCHINE
Officier de la Légion d'Honneur

Vu le décret du 20 Octobre 1911, fixant les pouvoirs du Gouverneur de la Cochinchine et des Résidents Supérieurs en Indochine ;

Vu le décret du 3 Juillet 1897, portant règlement sur les indemnités de route et de séjour, les concessions de passage et les frais de voyage à l'étranger des officiers, fonctionnaires, employés et agents civils et militaires des Services coloniaux et locaux, modifié par les décrets des 6 Juillet 1904, 3 Juin 1906, 21 Juillet 1910, et 25 Septembre 1911 ;

Vu l'arrêté du 18 Février 1921, portant règlement sur la solde et les accessoires de solde du personnel local ;

Vu l'arrêté du 4 Septembre 1926, portant classement du personnel européen nommé par les autorités locales ;

Vu le Règlement Général de l'Instruction Publique du 21 Décembre 1917, modifié par les arrêtés des 20 Juin 1921 et 18 Septembre 1924 ;

Vu la demande d'un passage de retour, par anticipation, en faveur de sa fille, formulée le 1er Septembre 1933, par Mme DONNADIEU, Professeur principal hors classe de l'Enseignement primaire ;

Attendu que Melle DONNADIEU, qui est revenue à la Colonie le 14 Octobre 1932, doit se rendre à Paris pour y poursuivre ses études,

2

GOUVERNEMENT GÉNÉRAL DE L'INDOCHINE

DIRECTION DE L'INSTRUCTION PUBLIQUE

LYCÉE CHASSELOUP-LAUBAT

DISTRIBUTION DES PRIX

Mercredi 12 Juillet 1933

SAIGON
IMPRIMERIE Jn NGUYÊN-VAN-VIÊT & FILS
N° 85, Rue d'Ormay, 85
1933

3

4

5

6

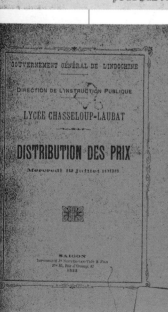

7

Dernière année à Saigon

Mme Donnadieu, après une visite au ministère des Colonies pendant son séjour à Paris, a fini, non sans mal, par obtenir un poste à Saigon. À son arrivée en Cochinchine, ragaillardie, elle peut faire des projets d'avenir. Elle loue, rue Testard, à deux pas du lycée Chasseloup-Laubat, une grande villa avec jardin dans laquelle, après sa mise à la retraite en 1935, elle ouvrira l'école privée qui lui permettra de continuer à subvenir aux besoins de sa famille. En décembre 1932, Paul est

appelé par le service militaire. Marguerite, elle, est à nouveau inscrite au lycée pour y préparer la seconde partie du baccalauréat, section philosophie. Ce sera sa dernière année à Saigon, une année studieuse et paisible aux côtés de sa mère, entrecoupée de sorties en ville et d'après-midi à la piscine, sans compter la messe du dimanche à la cathédrale. Pendant l'été 1933, le bac en poche et un troisième accessit en physique et chimie qui lui a valu de figurer parmi les lauréats à la traditionnelle distribution des prix, elle fait un ultime séjour au Cambodge, à la concession

Donnadieu à Prey Nop. À l'automne, Marie Donnadieu, ayant décidé que sa fille ferait des études universitaires, obtient pour elle un passage de retour aux frais du budget local de l'Instruction publique. Dernière photo dans le *cosy corner* que s'est aménagé Marguerite rue Testard, et la jeune fille est prête à partir rejoindre à Vanves le grand frère qui l'accueillera dans l'appartement familial. Celui-ci, à vingt-trois ans, n'a toujours pas de situation — ce qui ne semble pas le préoccuper outre mesure. Sa mère, de loin, ne veille-t-elle pas sur lui ?

1 et 3. Livret de distribution des prix du lycée Chasseloup-Laubat le 12 juillet 1933.
2. Autorisation de passage pour le retour en France de Marguerite Donnadieu à la rentrée de 1933.
4. Marie Donnadieu, un jour de baptême, devant la cathédrale de Saigon, au milieu des années 1930.
5 et 6. Marie Donnadieu dans sa maison de Saigon, au 141 de la rue Testard dans laquelle elle a ouvert une école privée.
7. La maison de la rue Testard.
8. La piscine de l'Oasis à Saigon.
Double page suivante :
À gauche : Pierre Donnadieu en France dans les années 1930.
À droite : Marguerite Donnadieu en 1933 dans la maison de sa mère, rue Testard, avant son départ définitif pour la France.

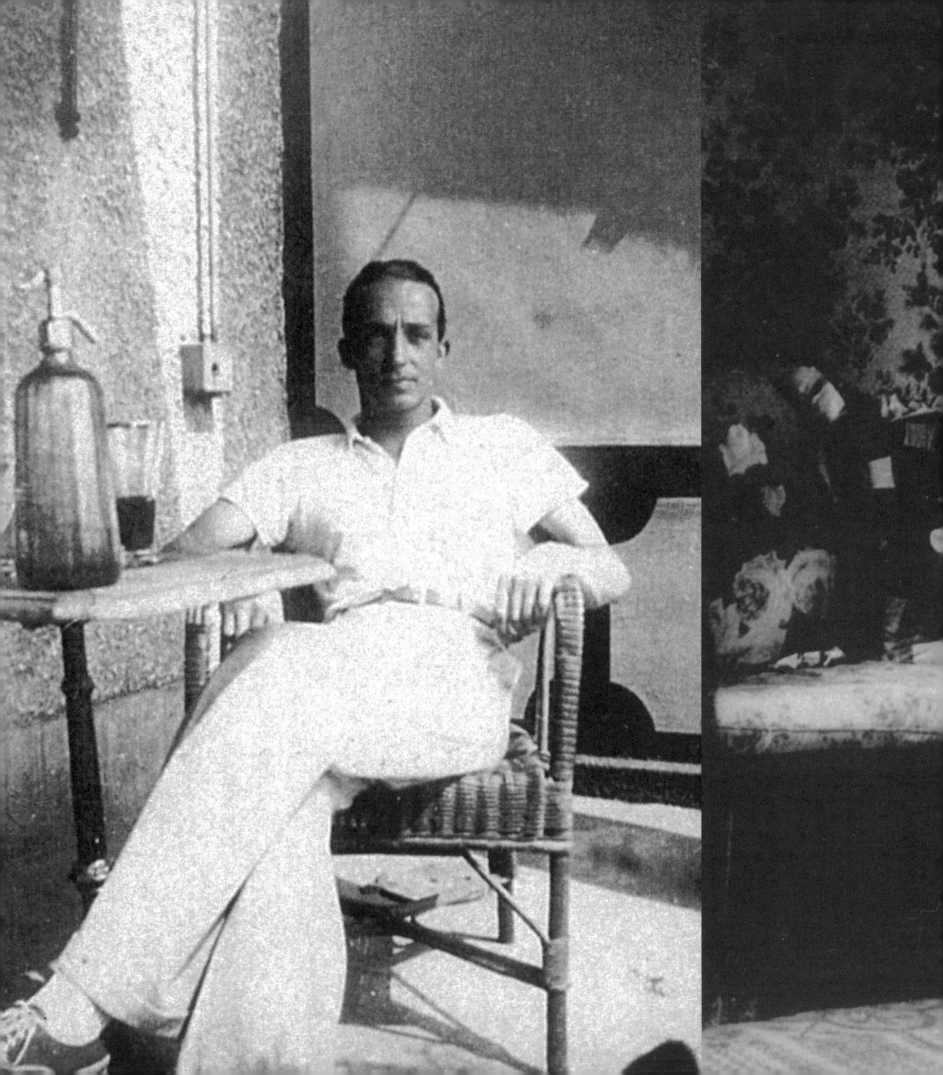

1. Marie Donnadieu dans sa maison de Saigon.
2. Intérieur du *Félix Roussel*, paquebot des Messageries Maritimes.
3. Notice de débarquement du Service colonial de Marseille au nom de Marguerite Donnadieu, octobre 1933.
4. Marguerite et ses camarades de lycée, sur le pont des premières classes du *Porthos*, octobre 1933.
5. Lettre de Marie Donnadieu au gouverneur général de l'Indochine au moment de sa mise à la retraite en 1935.

MINISTÈRE
DES COLONIES

SERVICE COLONIAL
DE
MARSEILLE

NOTICE DE DÉBARQUEMENT

Mlle

I. Nom et prénoms *Donnadieu Marguerite* stag^re/2

Grade *fille de Mme Donnadieu professeur hors classe*

Colonie de provenance *Indochine*

Débarqué à *Marseille* le *28/10/33* du (1) *Porthos*

A voyagé accompagné de (2) _____

Avait rejoint son poste colonial le _____ par le (1) _____

Etait accompagné (3) _____ *14 ... 1933*

Famille rentrée par anticipation le _____ par le (1) *5 ... 1933*

II. Nature et durée du congé *anticipation*

Montant de la solde de présence _____

Régime de pension _____

Adresse (4) *16 avenue V. Hugo Vanves (Seine)*

III. Le fonctionnaire est-il déjà titulaire d'une pension ? Si oui, en indiquer le régime et le montant _____

Dans le cas où il s'agirait d'une pension militaire d'invalidité, prière d'indiquer le pourcentage de cette invalidité _____

Le fonctionnaire avait-il consenti une délégation pendant son séjour à la colonie ?
Si oui, en indiquer le montant _____

Le fonctionnaire soussigné déclare avoir reçu une notice de renseignements sur les principales formalités imposées aux fonctionnaires pendant leur séjour en France.

l'Intéressé :

M. Donnadieu

3

Le bateau du retour

Le 2 octobre 1933, Marguerite Donnadieu, ravissante jeune fille de dix-neuf ans, monte à bord du *Porthos*, le bateau de la série des Trois Mousquetaires qui la ramène en France pour accomplir sa destinée. Sa mère, son frère et le chauffeur de la famille l'ont accompagnée en voiture jusqu'au quai des Messageries Maritimes. Du pont des premières, lorsque le bateau s'éloigne, tiré vers le large par des remorqueurs, elle peut les voir longuement agiter qui son chapeau, qui son mouchoir. A-t-elle de la peine à la pensée qu'elle ne les reverra pas avant longtemps ? Oui, « mais sans montrer rien comme c'était l'habitude entre eux », écrira-t-elle beaucoup plus tard dans *L'Amant*. Sur le bateau, elle retrouve plusieurs camarades de lycée qui, comme elle, vont en France pour continuer leurs études en faculté. Avec eux, elle fait des parties de palet pour rompre la monotonie de la longue traversée. L'emploi du temps entre deux escales est immuable : apéritif à onze heures, déjeuner à midi et demi ; thé et interlude musical dans le salon des premières à quatre heures de l'après-midi. Entre sept heures et demie et neuf heures, on dîne en habit de soirée, les femmes en robe longue, les messieurs en veste blanche ; après le dîner, il y a bal sur le pont, animé par un orchestre. Marguerite danse, flirte, rêve à sa vie future… Le 28 octobre, elle est à Marseille où elle s'apprête à prendre le train pour Paris – non sans avoir, au préalable, signé la notice que lui présente le Service colonial. Les enfants de fonctionnaires ne voyagent pas incognito, grâce à quoi nous pouvons suivre leur route. Celle de Mlle Donnadieu est à un tournant : un nouveau chapitre de son existence commence.

1933
1939

Années de droit, années de ministère

Le 18 novembre 1933, Mlle Donnadieu, bachelière ès lettres section philosophie, s'inscrit pour la première fois à la faculté de droit de l'université de Paris. Il n'y a alors que très peu de jeunes filles place du Panthéon (les mauvaises langues disent que c'est pour trouver plus facilement un mari!). La plupart des étudiantes se dirigent vers les études de lettres. La même semaine, en mal d'orientation, elle prend également une inscription auprès de la faculté des sciences, rue Victor-Cousin. C'est que, pour le moment, il n'est pas question d'envisager une carrière d'écrivain. Ce que Marie Donnadieu a en vue pour sa fille, c'est un bon métier, de préférence dans l'Enseignement ou l'Administration. C'est dans ce but qu'elle se « saigne aux quatre veines » pour payer des études qui, si l'on considère la modicité de ses ressources, coûtent cher. Cependant, la voie scientifique est très vite abandonnée et, au cours des quatre années qui suivent, Marguerite va préparer mollement une licence de droit. Si l'on en juge par les notes qu'elle obtient aux examens, ce n'est pas une étudiante particulièrement brillante. Selon le témoignage de l'une de ses condisciples, elle n'est pas très assidue dans les amphithéâtres, préférant potasser son droit par elle-même. En revanche, elle fréquente régulièrement les bancs de la Sorbonne, notamment ceux de l'amphithéâtre René-Descartes où le professeur Fortunat Strowski donne des cours de littérature française contemporaine. Lectrice avide, elle découvre aussi, durant ces années, les trésors de la bibliothèque Sainte-Geneviève. La tentation littéraire l'emportera-t-elle un jour sur la veine administrative? Il est encore trop tôt pour le dire. En juin 1936, elle passera avec succès ses deux certificats de licence et, en 1937, deux diplômes d'études supérieures, le premier en droit public, le second en économie politique. Ce bagage va lui ouvrir les portes du ministère des Colonies, où elle sera engagée le 9 juin 1937. Elle sera fonctionnaire comme ses parents, en attendant mieux.

1. Carte d'entrée de Marguerite Duras à la bibliothèque Sainte-Geneviève en 1940, après son mariage avec Robert Antelme.

DE L'UNIVERSITÉ DE PARIS

AINTE-GENEVIÈVE

N° 29071

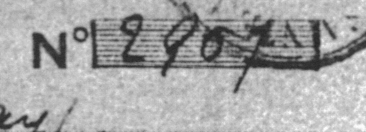

(May)

(arrondissement)

ller dans la salle de

ue Sainte-Geneviève

1940.

LE CONSERVATEUR :

Marie Dormoy

Signature du Titulaire :

nent personnelle devra être présentée à toute réquisition.

1

2

La vie d'étudiante

Lorsqu'elle arrive à Paris, Marguerite, grâce à son premier séjour, est déjà familiarisée avec la vie dans la capitale. Elle s'intègre aisément au milieu étudiant et se fait rapidement des amis. La première année, elle habite à Vanves avec son frère aîné, mais dès la rentrée de 1934 elle se rapproche de la faculté et loge dans une pension pour jeunes filles, rue Chomel, dans le VIIe arrondissement. Elle s'est inscrite au Foyer international des étudiantes boulevard Saint-Michel, où elle peut prendre ses repas. Du Quartier latin, elle rentre chez elle en traversant le jardin du Luxembourg, un de ses lieux de promenade favoris. Marguerite, comme ses frères, a la passion des voitures. Elle conduit à cette époque un cabriolet Ford dernier modèle dont elle est très fière (un cadeau de sa mère pour ses vingt ans ?). Cela lui permet de s'échapper de temps à autre, vers la Normandie, le Sud-Ouest ou le Midi, en compagnie d'un petit groupe de copains. Elle voyage aussi à l'étranger, fait de fréquentes visites en Angleterre et en Autriche, parfois avec son frère qui prend alors le volant. Pendant l'été 1935, ils se rendent ensemble dans les montagnes du Tyrol où ils restent plusieurs semaines. Au dire de ceux qui l'ont connue à cette époque, elle est jolie, enjouée, s'habille

3

4

5

avec élégance et aime séduire... Ce que les photos ne démentent pas. Parmi ses conquêtes, Jean Lagrolet, un étudiant originaire de Bayonne, file avec elle, pendant un certain temps, le parfait amour. C'est lui qui, vers 1936, la présente à un camarade de lycée venu faire son droit à Paris. Son nom est Robert Antelme. Son père est l'ancien sous-préfet de Bayonne. Marguerite et Robert ne tardent pas à devenir des amis très proches.

1. Carte du Foyer international des étudiantes de Marguerite Donnadieu, année scolaire 1934-1935.
2. Fortunat Strowski, professeur à la Sorbonne.
3. Vue de la rue Soufflot et du Panthéon à Paris.
4 et 5. Pages du dossier d'inscription de Marguerite Donnadieu à la faculté de droit de l'université de Paris.
6. Marguerite et son frère Pierre en vacances dans le Tyrol autrichien, été 1935.
7. Georges Beauchamp et Jean Lagrolet, condisciples de Marguerite Donnadieu et de Robert Antelme à la faculté de droit d'Assas.
8. Marguerite et Jean Lagrolet en villégiature vers 1935-1936.

Paris-spectacles

Entraînée par son frère qui, tel Hemingway, hante les champs de courses pour augmenter ses revenus, Marguerite joue régulièrement elle aussi, à Auteuil, Saint-Cloud ou Chantilly. Boulevard Montparnasse, elle fréquente les cafés à la mode où Pierre Donnadieu a ses quartiers généraux. Elle va très souvent dans les salles de la rive gauche ou des Champs-Élysées pour voir les films du moment. Elle avait laissé Paris en 1932 sur le succès de *L'Ange bleu* et Henri Garat valsant avec Lillian Harvey. Elle retrouve la coqueluche des midinettes en *Mauvais Garçon*, dans les bras d'une nouvelle partenaire dont l'étoile monte, la jeune Danielle Darrieux. Garat lui-même va bientôt s'éclipser au profit de Jean Gabin. Coup sur coup, on peut voir la nouvelle vedette du cinéma français dans *Gueule d'amour*, *La Bandera*, *Pépé le Moko*, *La Grande Illusion*, *Quai des Brumes*, *La Bête humaine*... Les films sont signés Grémillon, Duvivier, Renoir, Carné.

Au cours de son premier séjour, Marguerite avait découvert le théâtre à l'Odéon et à la Comédie-Française. Elle renoue avec les classiques, Racine surtout, mais aussi Shakespeare dont on donne *Coriolan* à la salle Richelieu en 1934. Elle se familiarise avec des auteurs contemporains comme Giraudoux, dont Louis Jouvet monte les pièces à l'Athénée (*La guerre de Troie n'aura pas lieu* en 1935, *Électre* en 1937). Mais ce qui la passionne le plus, c'est le répertoire que défendent inlassablement Georges et Ludmilla Pitoëff depuis le début des années 1920 : Ibsen, Strindberg, Maeterlinck, Shaw, Synge, Tchekhov, Schnitzler, Pirandello ainsi que Vildrac, Claudel et Anouilh. Les mises en scène des Pitoëff sont très en avance sur l'époque, comme celles de Jouvet ou de Charles Dullin. Stylisation extrême des décors, sophistication des éclairages, utilisation dramatique de la musique et, avant tout, primauté du texte, leçon que n'oubliera pas la future Marguerite Duras écrivain de théâtre.

1

2

3

1. Marguerite Donnadieu et Jean Lagrolet, pique-niquant vers 1935-1937.
2. Marguerite Donnadieu au milieu des années 1930.
3. La Coupole à Montparnasse dans les années 1930
4. Façade du cinéma *Le Normandie* à Paris dans les années 1930
5. Scène de film avec Lillian Harvey et Henri Garat.
6. Marlène Dietrich dans *L'Ange bleu*.
7. Georges et Ludmilla Pitoëff dans *Roméo et Juliette* aux Mathurins, juin 1937.
Double page suivante, de gauche à droite :
Pierre Donnadieu, rue Chomel à Paris, vers 1935-1936.
Marguerite dans sa chambre, rue Chomel, vers 1935-1936.
Robert Antelme, rue Chomel, vers 1936.

Paris-défilés

Sur le plan politique, le Paris du milieu des années 1930 dans lequel Marguerite évolue est un Paris déchiré par de violentes polémiques à la Chambre et dans les journaux, un Paris secoué par les scandales financiers, éprouvé par les affrontements sociaux et hanté par les menaces de guerre de plus en plus précises. Le Quartier latin n'échappe pas à la fièvre générale. À la faculté de droit, bas-

tion de la grande bourgeoisie catholique, la majorité des étudiants est fortement ancrée à droite. Certains éléments flirtent volontiers avec les ligues, allant grossir les effectifs des Croix-de-Feu du colonel de La Rocque ou ceux des Camelots du roi de Charles Maurras lors des manifestations de rue qui dégénèrent parfois en émeutes — témoins les journées sanglantes de février 1934. Deux ans plus tard, en janvier 1936, le professeur Gaston Jèze est violemment pris à partie par des étudiants

membres d'Action française qui l'empêchent de donner son cours. Motif : il a accepté, à la suite de l'invasion de l'Éthiopie, d'être le conseiller du Négus dans ses démêlés avec Mussolini devant la Société des nations. C'est « l'affaire Jèze », qui dégénère en grève générale et va agiter la faculté jusqu'en mars, forçant le doyen Allix à démissionner. Au printemps, nouveaux remous provoqués par la victoire du Front populaire aux élections législatives d'avril et l'arrivée de Léon Blum à la

présidence du Conseil. Aux protestations contre le « Juif Jèze » succèdent les saillies antirépublicaines contre « Blum l'Israélite » et « l'anarchie où nous conduit la gauche ». Marguerite, dont la conscience politique n'est pas encore en éveil, ne semble pas avoir été très affectée par les événements qui se déroulaient autour d'elle. En fait, elle profite de la fermeture de la faculté pour faire un nouveau séjour en Allemagne et en Autriche. Le temps des engagements est encore loin.

1. Manifestation du 6 février 1934, place de la Concorde à Paris.
2. Une de *L'Humanité* du 15 juillet 1936 sur la manifestation du 14 juillet à Paris.
3. Manifestation des étudiants de la faculté de droit contre le professeur Jèze, Paris, le 5 mars 1936.
4. Pancartes abandonnées par les participants à la manifestation du 6 février 1934.
5. Délégation du Congrès universel pour la paix lors de la manifestation du 14 juillet 1936 à Paris.

Les années de ministère

Lorsque Marguerite Donnadieu entre au ministère des Colonies en 1937, elle est affectée en tant que rédactrice au Service intercolonial d'information et de documentation qui vient tout juste d'être créé. Il s'agit au premier chef d'encourager l'expansion et la rationalisation des ressources que le pays tire de ses possessions d'outre-mer — effort auquel participera la nouvelle recrue, appelée à œuvrer au profit du Comité de propagande de la banane française patronné par son ministère. À l'Exposition universelle qui se tient à Paris cette année-là, ce produit de première nécessité tient pavillon parmi les quelque deux cent quarante exposants disséminés de part et d'autre de la Seine, de la colline de Chaillot au quai d'Orsay. Le monde entier s'y est donné rendez-vous, chacun avec ses symboles. *Le Génie du fascisme*, caracolant devant le gigantesque pavillon de l'Italie, voisine avec la faucille et le marteau qui triomphent au fronton de celui de l'URSS. Alors que le *Guernica* de Picasso dénonce les horreurs de la guerre en Espagne, une « colonne de la

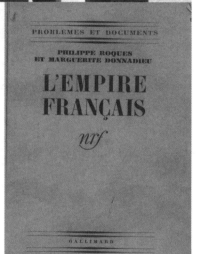

1

L'EMPIRE FRANÇAIS

2

République Française

MINISTÈRE DES COLONIES

SERVICE INTERCOLONIAL D'INFORMATION
ET DE DOCUMENTATION

11, rue Tronchet
PARIS (VIIIᵉ)

Tel : Anjou 59-50, 51

DÉCISION

LE MINISTRE DES COLONIES

VU l'arrêté ministériel du 19 Juin 1937 portant création du Comité de Propagande de la Banane Française;

VU le budget primitif du Comité de Propagande de la Banane Française, pour l'exercice 1938, s'élevant à la somme de 2.616.793 Francs;

VU le budget supplémentaire dudit Comité pour l'exercice 1938 s'élevant à 1.000.000 Francs;

DÉCIDE:

ARTICLE Ier. - La décision N° 1042 du 13 Juin 1938 est rapportée.

ARTICLE 2. - Melle DONNADIEU (Marguerite) est affectée à compter du Ier Septembre 1938, en qualité d'auxiliaire, au salaire mensuel de QUINZE CENTS FRANCS (1.500,--) au Comité de Propagande de la Banane Française.

ARTICLE 3. - Cette dépense sera imputée sur les fonds du Budget Général de l'A.O.F. (Compte spécial de la Banane) Exercice 1938 ./.

Fait à Paris, le 16 Septembre 1938

4

MINISTÈRE DES COLONIES
SERVICE INTERCOLONIAL D'INFORMATIONS   N° 117
11, rue Tronchet
Téléphone : Anjou 59-50 - 59-51

Jeudi 12 août 1937.

BULLETIN DE DOCUMENTATION COLONIALE

5

1. Georges Mandel, ministre des Colonies, Paul Raynaud, ministre des Finances, et César Campinchi, ministre de la Marine, à la sortie d'un Conseil des ministres à Paris en 1939.
2. Couverture de *L'Empire français* de Philippe Roques et Marguerite Donnadieu, 1940.
3. Pavillon de l'Italie lors de l'Exposition universelle de 1937 à Paris.
4. Affectation de Marguerite Donnadieu au Comité de propagande de la banane française, en 1938.
5. Bulletin de documentation coloniale, août 1937.
6. Pavillon de la banane française à l'Exposition universelle de 1937.
7. Marguerite entre Marie-Louise et Robert Antelme, à la fin des années 1930.
8. Marguerite à la fin des années 1930.
9. Marguerite et sa belle-sœur Marie-Louise Antelme à la fin des années 1930.

6

3

7

Paix » s'élève dans les jardins du Trocadéro, face à la tour Eiffel embrasée la nuit de dentelles de lumière fluorescente. Partout règne la « fée Électricité », et l'on tente d'oublier, devant l'étalage des plus récentes innovations regroupées sous le thème central « Arts et techniques », les conflits qui menacent l'équilibre du monde.

Lorsque, le 3 septembre 1939, la France est finalement acculée à déclarer la guerre à l'Allemagne, Marguerite est fiancée depuis plusieurs mois à son ami Robert Antelme. Elle a envoyé une lettre à Saigon pour faire part de la nouvelle à sa mère. Celle-ci est doublement fière de sa fille, pourvue à la fois d'un emploi sûr et d'un bon parti. Le père du jeune homme n'est-il pas maintenant receveur des finances à Paris ? Le mariage a lieu le 23 septembre à la mairie du XVe arrondissement.

8

9

1940
1945

Les années de guerre

« *Il n'y a plus aujourd'hui une France et ses colonies, mais un Empire qui peut réunir des forces considérables pour vaincre l'ennemi.* »

En avril 1938, avec la formation du gouvernement Daladier, un ministre particulièrement ambitieux est arrivé rue Oudinot. Il va donner — nul doute, sans en être conscient — un coup de pouce à la vocation naissante de Marguerite qui, à ses moments perdus, a commencé à écrire quelques nouvelles pour son compte. Georges Mandel, ancien secrétaire de Clemenceau, est un homme de communication (il a été ministre des Postes) en même temps qu'un homme d'action. Pour faire face à la propagande de guerre allemande, il décide de créer un service de presse et demande à l'un de ses attachés, Philippe Roques, de composer un livre à la gloire des colonies françaises. Dans l'esprit du ministre, celles-ci constituent pour le pays, en cas de conflit armé, un vaste réservoir d'hommes, message qu'il s'ingénie à faire passer à ses compatriotes afin de fortifier leur ardeur guerrière défaillante (Mandel a été l'un des rares ministres à désapprouver vivement les accords de Munich). Philippe Roques a besoin d'une collaboratrice pour rassembler les éléments du plaidoyer : ce sera Mlle Donnadieu, que sa formation et l'expérience qu'elle a de la vie en Indochine qualifient *a priori* pour ce genre de travail. Les éditions Gallimard acceptent de publier l'ouvrage, le ministère ayant passé au préalable une commande de trois mille exemplaires. Ce sera *L'Empire français*, dont la parution précédera malheureusement de peu la débâcle. Mais, par ce biais, la future Marguerite Duras fera son entrée, sinon en littérature, du moins dans la cohorte des auteurs publiés.

1. Note de Marguerite Duras en haut d'une page d'un de ses « Cahiers de la guerre » rédigés à partir de 1943.

De quelle manière la guerre peut elle être passée sous silence.

1

2

L'Empire dans la tourmente

Au début de la guerre, Marguerite se retrouve seule à Paris, Robert Antelme, mobilisé, ayant dû repartir vers son cantonnement peu après leur mariage. Rares sont les nouvelles du front, où les soldats rongent leur frein dans l'attente d'une éventuelle attaque ennemie. Le pays vit dans l'atmosphère étrange de la « drôle de guerre ». Mme Antelme est très occupée par la rédaction du livre commandé par son ministre, la publication devant coïncider avec l'ouverture du Salon de la France d'outre-mer qui doit se tenir à Paris au mois de mai. À la mi-mars, le manuscrit est prêt à être imprimé. Le 6 mai 1940, dans l'enceinte du Grand Palais, le ministre des Colonies, flanqué de son collègue du Commerce, fait les honneurs du Salon au président Lebrun. *L'Empire français* est sorti trois jours avant, juste à temps pour être remis aux visiteurs de marque. Ce mince ouvrage d'à peine deux cent cinquante pages comporte cinq cha-

pitres. Les deux premiers sont consacrés à un bref historique de la colonisation ainsi qu'à un état des lieux. Ce qui laisse aux auteurs deux chapitres pour vanter la « puissance militaire » et souligner la « puissance économique » que représente ce vaste ensemble. Pour finir, ils esquissent à grands traits le portrait de « l'Empire, communauté spirituelle ». Ayant invoqué Valéry pour souligner la mission « d'universalité » de l'œuvre colonisatrice de la France, Philippe Roques et Marguerite Donnadieu prophétisent : « Si elle était effacée du monde, toutes les nations seraient privées d'une présence précieuse, et aucune autre ne saurait la remplacer. » Le 10 mai, les Allemands déclenchent l'offensive ; le 20, ils sont sur la Somme ; le 9 juin, Paris est déclarée ville ouverte ; le 14, les soldats bottés défilent sous l'Arc de triomphe. La IIIe République agonise, tandis que l'on imprime à la hâte les portraits du maréchal providentiel qui orneront bientôt les murs de la capitale.

3

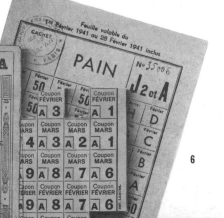

1. Ordre de mobilisation générale du 2 septembre 1939.
2. Robert Antelme mobilisé (à droite).
3. Marguerite Antelme dans les jardins du Luxembourg à Paris, au début des années 1940.
4. L'hiver très rude de janvier 1941, place de l'Opéra à Paris.
5. Affichage des restrictions sur la vitrine d'un magasin d'alimentation à Paris sous l'occupation allemande en 1944.
6. Carte d'alimentation et tickets de rationnement, 1940-1941.
7. Daladier et Hitler à Munich, le 29 septembre 1938.
8. Affiche de propagande du maréchal Pétain.

ÊTES-VOUS PLUS FRANÇAIS QUE LUI ?

Naissance d'un écrivain

Le premier hiver de l'Occupation est particulièrement rude. À Paris, le thermomètre descend à moins douze. Le rationnement que l'on met en place aggrave encore la situation. Les Parisiens en souffrent à des degrés divers, suivant leurs moyens ou la présence de cousins à la campagne. Marguerite a, fort heureusement, une amie qui reçoit des colis du Sud-Ouest. Elle est sans travail depuis l'automne qui a suivi la débâcle, car le nouveau ministre des Colonies installé à Vichy applique à la lettre le décret du 11 octobre 1940 barrant l'accès de la fonction publique aux femmes mariées. Après sa démobilisation, Robert Antelme s'est présenté au concours de rédacteur de la préfecture de police et, à la mi-octobre, y est entré comme auxiliaire. C'est lui désormais qui subvient aux besoins du ménage. Son épouse a décidé de consacrer son temps au métier d'écrivain.

En février 1941, elle soumet un premier roman à Gallimard qui, par la voix de Raymond Queneau, refuse de le publier. Il ne sortira chez Plon qu'en avril 1943, sous le titre *Les Impudents*. Entre-temps, son auteur s'est choisi un nom de plume, celui très proustien de Marguerite Duras. « Ce livre est tombé de moi : l'effroi et le désir du mauvais d'une enfance », confie-t-elle à un ami dans une dédicace. Le décor provincial rappelle en effet fortement le domaine paternel dans le Lot-et-Garonne, et les personnages sont comme une gravure à l'acide des membres de la famille Donnadieu. Le critique littéraire Ramon Fernandez fait montre de perspicacité en subodorant que « Madame Marguerite Duras doit plus ou moins rêver ses héros, se laisser obséder par eux ». Par ailleurs, il apprécie le roman, qui, note-t-il, « abonde en impressions très fines des paysages et des âmes ». Les marques de l'univers durassien sont d'ores et déjà en place pour qui sait les voir.

1

MARGUERITE DURAS

LES IMPUDENTS

roman

PLON

1. Terrasse de café sur les grands boulevards, dans Paris occupée par les Allemands en 1940.
2. Marguerite et Robert Antelme vers 1941-1942.
3. Robert Antelme.
4. Couverture du premier roman de Marguerite Duras, *Les Impudents,* Plon, 1943.
5 et 6. Marguerite et Robert Antelme à Paris pendant la guerre, 1941-1942.
7. Ramon Fernandez, écrivain et critique littéraire.

4

2

3

5

6

7

la préfecture de police pour le ministère de l'Intérieur, celui-ci vient d'être recasé à l'Information), elle trouve un poste à la mesure de ses ambitions auprès de la Commission de contrôle du papier, officine chargée de répartir cette précieuse matière première entre les différents éditeurs, cela sous le contrôle vigilant de l'occupant. De son bureau au Cercle de la librairie, à l'angle du boulevard Saint-Germain et de la rue Grégoire-de-Tours, Mme Antelme se trouve rapidement en contact avec les principales maisons d'édition de Paris.

À l'automne 1942, elle fait ainsi la connaissance de Dionys Mascolo, lecteur chez Gallimard. Il va devenir, pour de nombreuses années, son nouveau compagnon et l'ami fidèle de Robert Antelme.

Cette année de guerre se termine par un nouveau deuil : de Saigon, un télégramme de Marie Donnadieu annonce à Marguerite la mort de son frère Paul, enlevé à trente et un ans par une septicémie foudroyante. Avec lui disparaît tout un pan de sa jeunesse.

L'année 1942

L'année 1942 est, pour Marguerite, jalonnée d'événements personnels de première importance. Pendant l'hiver, enceinte de Robert Antelme, elle promène dans Paris une grossesse difficile. L'enfant qui naît à la mi-mai, non loin de l'appartement du XVe arrondissement où se sont installés les jeunes époux, meurt étouffé au moment de sa naissance. Marguerite reste à l'hôpital, soignée par les sœurs de Notre-Dame de Bon Secours, jusqu'à la fin mai. Ce choc la laisse désemparée. Cependant, dès le courant de l'été, elle se ressaisit et accepte un nouvel emploi. Grâce aux relations de son mari (après avoir laissé

Paris le 30 Août 1943

Madame ANTELME
Commission de Contrôle
117 Brd St Germain
PARIS VIè

Chère Amie,

Je vous fais part de quelques modifications dont je vous ai parlées. Il s'agit :

1°- Michaux: " AU PAYS DE LA MAGIE" a été autorisé (N° 20456) sur la liste revenue pendant votre absence. Nous utiliserons ce numéro pour réimprimer "UN BARBARE EN ASIE" du même auteur, au lieu de "AU PAYS DE LA MAGIE". (Je vous signale qu'en votre absence j'avais opéré ce même transfert au profit de "LA NUIT REMUE", au lieu d'"UN BARBARE EN ASIE". Je compte sur vous pour rectifier.

2°- Aymé : Vous vous souvenez qu'une double autorisation avait été accordée au docteur Jeannel pour son livre " LES FOSSILES VIVANTS DES CAVERNES" à l'aide du N° d'autorisation 18 351 accordé au mois de Mai, je crois. Nous réimprimons "LE PASSE-MURAILLE" de Marcel Aymé pour un tonnage équivalent.

3°- Enfin Blanchot: Le texte de "DIGRESSIONS" autorisé en Mai (N° 18159) paraîtra sous le titre de " FAUX-PAS"

Bien amicalement

1. Dionys Mascolo et Marguerite Duras.
2. L'hôtel du Cercle de la librairie, boulevard Saint-Germain et rue Grégoire-de-Tours, Paris, VIe arrondissement.
3. Lettre de Dionys Mascolo à Marguerite Antelme, secrétaire de la Commission de contrôle du papier, 1943.
4. Albert Camus à la NRF.
5. Dionys Mascolo, Marguerite et Robert Antelme vers 1943.

1. François Mitterrand (au fond à gauche)
au Commissariat des prisonniers rapatriés en 1943.
2. Procès de Pierre Bonny (à droite) et de Henri Lafont
le 9 décembre 1944.
3. François Mitterrand, ministre des Anciens Combattants,
à son bureau en 1947.
4. Couverture de *La Vie tranquille* de Marguerite Duras,
Gallimard, 1944.
5. Le poste de commandement de défense passive
de la préfecture de Paris en 1943.
6. La prison de Fresnes en 1945.

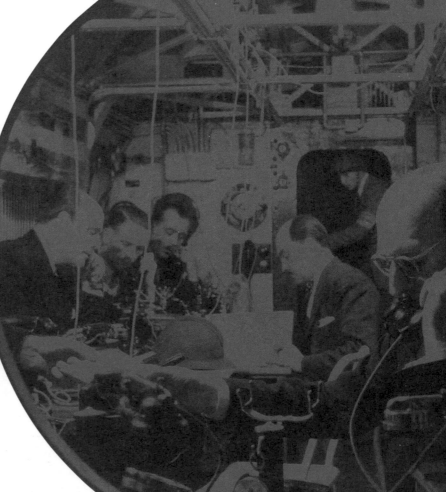

Le prix d'un engagement

En 1943, avec l'annonce de la défaite allemande devant Stalingrad en janvier et l'institution du service du travail obligatoire à la
mi-février, l'opinion publique dans la France
occupée bascule rapidement. Nombre d'at-
tentistes, au sein desquels il faut bien ranger
notre héroïne et son entourage, vont peu à
peu s'engager plus avant dans des actions
de résistance à l'ennemi. Ils sont encoura-
gés en cela par le cours des événements :
libération de toute l'Afrique du Nord en mai,
débarquement des troupes alliées en Sicile
en juin, libération de la Corse en octobre,
installation d'une Assemblée consultative
provisoire à Alger en novembre... L'occasion
se présente pour Robert et Marguerite Antelme
de « sauter le pas » lorsqu'un de leurs amis
leur demande assistance pour cacher des
membres du réseau des Prisonniers de
guerre. À l'automne précédent, ils ont justement emménagé dans un grand appartement
rue Saint-Benoît, au cœur de Saint-Germain-
des-Prés. Il y aura toujours une chambre
disponible, ainsi que dans l'appartement des
beaux-parents, rue Dupin. Le chef du réseau
vient de rentrer d'Alger en passant par
Londres. Coïncidence, c'est un de leurs
anciens condisciples de la faculté de droit ;
son nom est François Mitterrand, Morland
dans la clandestinité. Ainsi est scellé un
engagement qui va se révéler lourd de conséquences. Le 1er juin 1944, à la suite d'une
descente de la Gestapo dans l'appartement
de la rue Dupin où se tenait une réunion,
Robert Antelme, sa jeune sœur Marie-Louise
ainsi que plusieurs membres du groupe sont
arrêtés. Commence alors pour Marguerite une
année d'épreuves dont elle commencera la
relation dans ses « Cahiers de la guerre »
l'année suivante, après la libération des
camps. On en retrouve l'émotion intacte dans
La Douleur, publié en 1985.

L'attente et le retour

Peu de temps après l'arrestation de son mari et de sa belle-sœur, Marguerite Duras rencontre, rue des Saussaies, un Français qui travaille pour la Gestapo, celui-là même qui a infiltré le réseau. Espérant obtenir des nouvelles des prisonniers, elle le revoit plusieurs fois, jusqu'à ce qu'il soit arrêté après la libération de Paris en août 1944, puis jugé et condamné à mort à l'issue d'un procès où il comparaît aux côtés des sinistres tortionnaires de la rue Lauriston, Bonny et Lafont.

Marguerite (Leroy en Résistance) a été appelée à témoigner à la mi-décembre. Le journal *Libres*, organe du Mouvement national des prisonniers de guerre et déportés auquel elle collabore, en rend compte. Malgré ces bouleversements, elle trouve la force de poursuivre sa carrière littéraire. À la fin décembre 1944, son deuxième roman est dans les vitrines des libraires sous couverture des éditions Gallimard. *La Vie tranquille*, initiation d'une jeune fille à la conscience de soi, est dédié à

1

sa mère, laquelle a servi de modèle pour l'un
des personnages principaux. Après avoir été
incarcéré à la prison de Fresnes, Robert
Antelme a été déporté en Allemagne et interné
d'abord à Gandersheim puis à Dachau, d'où
il ne revient que le 13 mai 1945, grâce à l'entremise de François Mitterrand. Il est alors
aux portes de la mort et ne survit qu'à force
de soins, veillé par son épouse.

Sa sœur Marie-Louise, libérée du camp de
Ravensbrück, a succombé au cours de son
transport en Suède dans un convoi sanitaire.
Après un mois de convalescence dans un
centre du Mouvement des prisonniers, Robert
Antelme passe le reste de l'été au bord du
lac d'Annecy avec Marguerite. C'est là que,
le 6 août, ils apprennent l'explosion de la première bombe atomique sur Hiroshima.
À Hanoi, le 16 du même mois, Hô Chi Minh
lance un ordre d'insurrection générale contre
un pouvoir colonial que les envoyés du général de Gaulle vont tenter de restaurer. D'autres
combats se préparent, auxquels la romancière ne pourra rester indifférente.

1. Cadavres au camp de Dachau en 1945.
2. Marie-Louise Antelme, sœur de Robert.
3. La libération du camp de Dachau, le 29 avril 1945.
4. Carte de presse de Marguerite Antelme pour *Libres*,
journal du Mouvement national des prisonniers de guerre
et déportés, avril 1945.
5. Télégramme de Dionys à Marguerite lui annonçant
le retour de Robert de Dachau.

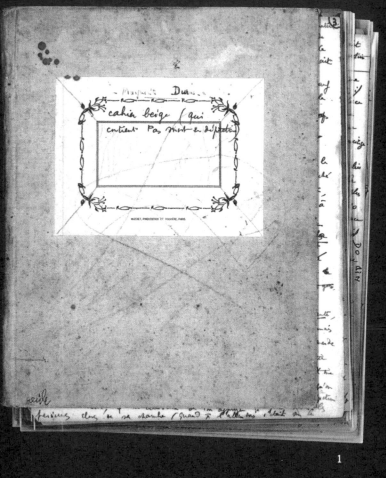

Mardi matin

Robert,

Tu es vivant. Tu es vivant...

Je ne sais pas d'où je reviens moi aussi.

Combien de temps suis-je restée dans cet enfer ?
Depuis que Penotti est revenu, bien qu'il m'ait
rassurée, je n'espérais plus beaucoup et j'espérais
beaucoup. Je ne saurai jamais d'où je reviens.
Mon petit Robert, ma petite Minette était
en très bonne santé à Ravensbrück, fin Mars.
Elle doit être en Suède, on n'a pas encore les
listes de Stockholm. Je suis sûre, absolument sûre
pour elle. Sois prudent. Il ne faut pas trop
manger. Et pas d'alcool, pas une goutte.
Il fait beau. C'est la Paix. Tu vis. Le ciel
est beau ce jour Robert. Tu continues ma vie.
Ma peine à moi c'est que je pense que je serais
morte de ta mort. Tu ne sauras jamais. jamais.
avant d'arriver.
- Lorsque vous arriverez téléphonez-moi. Si vous
couchez en France, télégraphiez-moi. Encore attendre
épreuve de 5 jours d'attente. Il me semble que je ne
peux plus attendre, que j'arrive au bout de mes forces
Marguerite

1946
1955

L'engagement, les premiers succès

« Nous continuons la France. »

Marguerite Duras, comme beaucoup de Français, a découvert l'amplitude du désastre des camps de concentration avec épouvante. Ce choc a été suivi dans son cas particulier — cela ne fait guère de doute — par un soudain sentiment de culpabilité à l'égard de toutes les victimes. Elle qui a vécu les premières années de la guerre (s'il faut en croire ses carnets) dans un ennui profond a décidé, après avoir participé avec ardeur aux événements de la libération de Paris, de s'engager politiquement du côté du « parti des fusillés ». Dès les premiers mois de 1945, elle s'est inscrite au PCF avec lequel elle partage une grande méfiance envers les intentions du général de Gaulle, chef du gouvernement provisoire (elle reproche en outre à de Gaulle de ne pas faire assez de cas des déportés). L'année suivante, Robert Antelme et Dionys Mascolo la rejoignent. « Notre adhésion, dira plus tard ce dernier, avait le sens d'une tentative de réponse : l'idée communiste en réaction contre l'inhumanité qui venait de dominer le monde [...]. C'était un traumatisme tel qu'on ne pouvait pas se résigner à ne pas y chercher un remède, même hasardeux. » Pendant la décennie qui suit, Marguerite et ses amis vont vivre pleinement les exaltations, mais aussi les contradictions et les désillusions de l'après-guerre. Cela n'entamera en rien l'intention bien arrêtée de la romancière de s'affirmer en tant que femme et en tant qu'écrivain, les deux combats se confondant chez elle fréquemment. En chemin, elle découvrira les joies de la maternité — et aussi l'Italie et les plaisirs de l'amitié. Elle a eu trente ans à la Libération ; l'âge de la maturité n'est plus très loin.

1. Marguerite en canadienne à la fin des années 1940.

La cause du prolétariat

Dans les premières années de son engagement aux côtés des communistes, Marguerite milite activement ; tout d'abord au sein de la cellule 724, dite Visconti-Beaux-Arts (dont elle est la secrétaire), puis à celle de Saint-Germain-des-Prés. Elle assiste à toutes les réunions, fait « signer les ménagères sur les marchés », organise des collectes aux terrasses de café, distribue des tracts, colle des affiches au moment des élections. Sanglée dans sa canadienne, on la voit vendre les journaux du Parti, comme *L'Humanité* ou *Les Lettres françaises*, et défiler de la Bastille à la

Nation avec ses camarades, à l'occasion du 1er mai ou du 14 Juillet... Selon des témoins de cette époque, c'est une militante zélée qui accomplit promptement les tâches qui lui sont confiées. Pour la taquiner, Audiberti, un habitué du café de Flore, l'appelle « la tchékiste ». Cette belle activité, pourtant, ne durera guère. Marguerite et ses amis les plus proches — parmi lesquels le futur sociologue Edgar Morin et sa compagne Violette, qui partagent pour un temps l'appartement de la rue Saint-Benoît — sont des communistes sincères chez qui l'esprit critique entend cependant demeurer en éveil. Cette volonté ne tarde pas à se trouver en porte-à-faux par

1

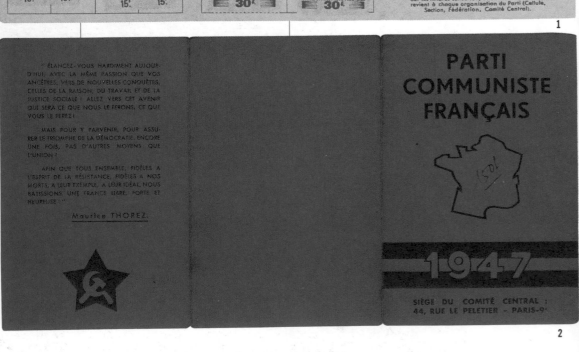

2

4

l'Humanité
ORGANE CENTRAL DU PARTI COMMUNISTE FRANÇAIS

Dans un cortège grandiose

de la Bastille à la Nation

FONDATEUR : JEAN JAURÈS
RÉDACTEUR EN CHEF VAILLANT-COUTURIER (1926-1937)
DIRECTEUR : MARCEL CACHIN

JEUDI 2 MAI 1946

ADRESSE : 18, RUE D'ENGHIEN, PARIS-X

2 FRANCS

UN MILLION ET DÉMI DE MANIFESTANTS

OUI CLAMENT LEUR VOLONTÉ DE VOTER **OUI**
pour l'avenir de la France
pour le triomphe de la République

rapport aux directives du PCF lorsque, en réponse au Plan Marshall, celles-ci s'alignent de plus en plus étroitement sur les idées de Moscou concernant l'art engagé et le rôle de l'écrivain au service de la cause du prolétariat. C'est la période du « jdanovisme », durant laquelle Sartre est dénoncé publiquement comme « hyène dactylographe » au grand rassemblement pour la paix qui se tient à Wroclav, en Pologne, en août 1948.

1 et 2. Carte d'adhérent au Parti communiste français de Marguerite Antelme, 1947.
3. Vente de *L'Avant Garde*, journal des Jeunesses communistes prônant le « oui » au premier référendum sur la Constitution du 5 mai 1946, place de la Bastille à Paris.
4 et 6. Défilé du 1er mai sur le cours de Vincennes en 1946.
5. Interview d'Elio Vittorini par Dionys Mascolo et Edgar Morin dans *Les Lettres françaises* du 27 juin 1947.

UNE INTERVIEW D'ELIO VITTORINI

5

3

6

1

2

8

9

10

1. Robert Antelme, rue Saint-Benoît.
2. Claude Roy.
3. Maurice Merleau-Ponty.
4. Georges Bataille.
5. Raymond Queneau.
6. Michel Leiris.
7. Marguerite, rue Saint-Benoît.

8. La terrasse du café Aux Deux Magots,
place Saint-Germain-des-Prés à Paris.
9. La brasserie Lipp, boulevard Saint-Germain à Paris.
10. Duke Ellington, Boris Vian, Juliette Gréco et Anne-Marie
Cazalis au Club Saint-Germain-des-Prés à Paris, juillet 1948.
11. Texte dactylographié de Marguerite Duras sur les
« plaisirs du 6e arrondissement ».

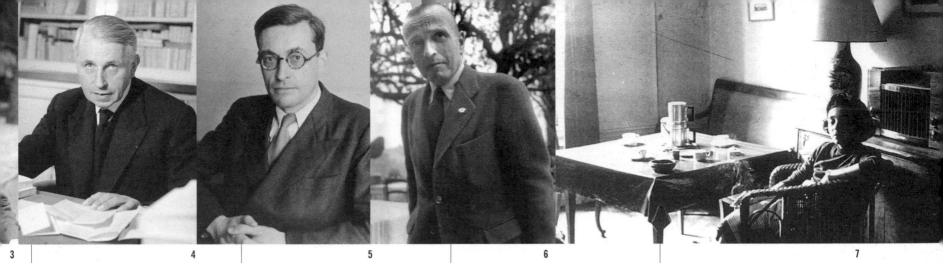

3 4 5 6 7

Le « groupe de la rue Saint-Benoît »

Idéalement situé au cœur du quartier de Saint-Germain-des-Prés, l'appartement de Robert et Marguerite Antelme devient, dans ces années-là, le lieu de rencontre privilégié de ce que l'on appellera plus tard le « groupe de la rue Saint-Benoît ». Outre certains membres du Parti qui s'y retrouvent en dehors des réunions de cellule (ils animeront brièvement un « groupe d'études marxistes »), on y croise des sympathisants qui viennent y débattre des grands problèmes du jour, ou tout simplement des écrivains, des artistes et des journalistes amis, attirés par la cordialité de l'accueil, la vivacité des discussions, voire le charme de la maîtresse des lieux. Sans parler de la cuisine que Marguerite s'ingénie à préparer, grâce au riz que sa mère lui envoie de Saigon (les restrictions sévissent encore), grâce aussi à la faculté qui est la sienne de tirer parti des ressources du moment.

Autour d'un verre ou au cours d'un repas, se rencontrent au 5, rue Saint-Benoît : Jean-Toussaint et Dominique Desanti, Jorge Semprun et Loleh Bellon, Clara Malraux et Jean Duvignaud, Gilles Martinet, Jacques-Francis Rolland, Louis-René des Forêts, le poète Francis Ponge, le peintre Atlan, et aussi Raymond Queneau, Jacques Lacan, Maurice Merleau-Ponty, Michel Leiris et Georges Bataille... Claude Roy, un des habitués, se souvient : « Entre Marguerite, Robert Antelme, Dionys Mascolo, Edgar Morin, et les trente commensaux de son troisième étage [...] il n'y avait jamais à ouvrir la séance, parce qu'elle n'était jamais levée. L'ordre du jour était de mettre de l'ordre dans les jours de l'histoire : pas moins. »

A Les plaisirs du 6°   *plaisirs*   *en page*

J'ai raté tou~~t des~~ ~~des~~ du 6è arrondissement

dont on parlait dans le monde entier.

Le " Tabou ". ~~_____~~ j'y suis allée *une ~~fois~~ j'crois, peut*

être deux fois mais non, j'ne crois pas. J'ai regardé !

" Les Deux Magots ", Le " Flore ", très peu, très

peu. Dès que j'ai fait Hiroshima, que j'étais reconnue,

mortelles.

ça été fini, j'ai ~~fui~~ ~~_____~~ ces terrasses ~~___~~

J'ai fréquenté " Lip " à cause des Fernandez. ~~___~~

~~Mais j'suis allée aux Quatre Saisons.~~

Pourquoi ?

A cause de l'orgueil. J'étais trop petite pour aller dans des

lieux où les femmes étaient grandes. J'étais habillée chaque jour

pareillement. Je n'avais qu'une robe, noire, celle de la *guerre,* ~~_____~~ passe-

partout. J'avais honte comme souvent les jeunes gens, de ne pas être

"à la page". En somme, pour des raisons diverses la honte recouvre

toute ma vie.

11

Vie de famille à Saint-Germain-des-Prés

Autrefois quartier paisible, Saint-Germain-des-Prés est devenu, en peu de temps, le lieu où se répand la vague « existentialiste » qui déferle sur la rive gauche au lendemain de la Libération, dans le sillage improbable de Jean-Paul Sartre. Les cafés à la mode, comme le Flore, les Deux Magots, la Rhumerie Martiniquaise, le Bar Vert... sont envahis en permanence de curieux et de journalistes. Il s'ouvre des clubs privés un peu partout. Lorsque la plus connue de ces « caves », le Tabou, est expulsée de la rue Dauphine pour cause de tapage nocturne, on parle de la reloger impasse des Deux-Anges, pratiquement sous les fenêtres de la rue Saint-Benoît ! En juin 1948, le Club Saint-Germain, qui va rapidement devenir le rendez-vous des musiciens de jazz américains les plus célèbres, ouvre ses portes à deux pas de là, au coin de la rue de l'Abbaye. C'en est trop ! Marguerite, qui ne va guère dans les clubs, rédige un article pour protester contre le va-et-vient incessant des voitures, tard dans la nuit : « On ne peut plus dormir. L'ouverture du Club Saint-Germain a bouleversé la rue Saint-Benoît. » Elle s'inquiète pour le sommeil de son fils, Jean Mascolo, qui a tout juste un an cette année-là. À sa naissance, Marguerite et Robert ont décidé de se séparer légalement. Une nouvelle vie de famille s'organise. À l'inséparable trio se joint Monique Régnier, qui deviendra Mme Antelme en 1953. À plusieurs reprises, les deux couples, qui passent toutes

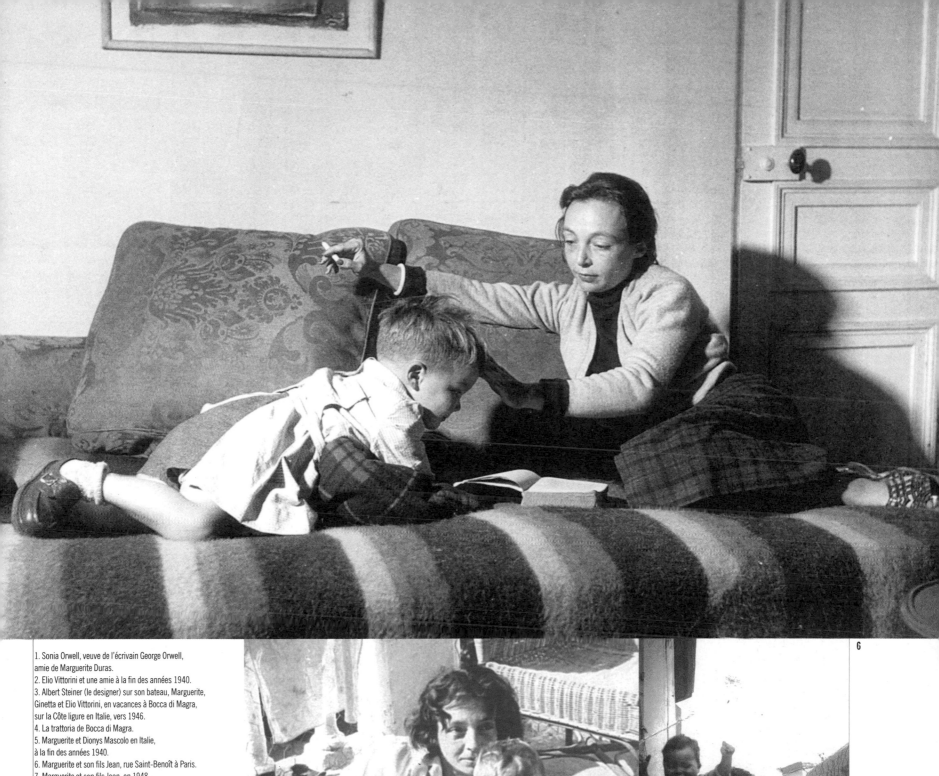

1. Sonia Orwell, veuve de l'écrivain George Orwell,
amie de Marguerite Duras.
2. Elio Vittorini et une amie à la fin des années 1940.
3. Albert Steiner (le designer) sur son bateau, Marguerite,
Ginetta et Elio Vittorini, en vacances à Bocca di Magra,
sur la Côte ligure en Italie, vers 1946.
4. La trattoria de Bocca di Magra.
5. Marguerite et Dionys Mascolo en Italie,
à la fin des années 1940.
6. Marguerite et son fils Jean, rue Saint-Benoît à Paris.
7. Marguerite et son fils Jean, en 1948.
8. Dionys Mascolo et son fils Jean, en 1948.

leurs vacances ensemble, se rendent en
Italie, sur la Côte ligure, ainsi qu'en Toscane.
Marguerite n'oubliera pas ces étés à Bocca
di Magra, la petite station balnéaire où ils
retrouvent leurs nouveaux amis, l'écrivain Elio
Vittorini et sa femme Ginetta. Le colloque
sentimental qui s'y joue lui fournira l'inspiration pour *Les Petits Chevaux de Tarquinia*,
l'un de ses meilleurs romans.

Les débuts d'une carrière littéraire

Au lendemain de la guerre, Robert Antelme et Marguerite Duras fondent les éditions de la Cité Universelle, dont Dionys Mascolo est le gérant. L'expérience sera de courte durée, mais cette jeune maison d'édition pourra s'enorgueillir d'avoir publié *L'An zéro de l'Allemagne* d'Edgar Morin, les *Œuvres choisies* de Saint-Just éditées par Dionys Mascolo et, surtout, le chef-d'œuvre de Robert Antelme, *L'Espèce humaine*, l'un des meilleurs témoignages jamais portés sur l'univers concentrationnaire. Marguerite, de son côté, a continué à accumuler notes et souvenirs dans ses carnets en vue de publications à venir. La première est une nouvelle appelée *Le Boa*, dans laquelle elle évoque un épisode de ses années de pension à Saigon. Elle paraît dans la revue *Les Temps modernes* en octobre 1947, quelques mois après la naissance de son fils. Nouveau retour sur sa jeunesse indochinoise avec l'aventure de la concession au bord du golfe de Siam, qu'elle met en scène à sa façon sous le titre *Un barrage contre le Pacifique*. De ce grand roman auquel elle travaillait depuis plusieurs années, sa mère est, cette fois, le personnage central. Le livre sort chez Gallimard en juin 1950. En janvier, elle a signé avec la maison de la rue Sébastien-Bottin un contrat portant sur dix ouvrages. Sa position d'écrivain et de femme indépendante s'en trouve considérablement renforcée, face à Marie Donnadieu qui vient de rentrer d'Indochine et qu'elle voit régulièrement, face aussi au Parti communiste vis-à-vis duquel elle a décidé de prendre ses distances. Mais on ne quitte pas le parti d'Aragon et de Paul Éluard, c'est lui qui vous excommunie. Ce qui est fait avec éclat au début du printemps.

1

2

1. Gaston Gallimard et Marguerite Duras au moment de la sortie du *Marin de Gibraltar*.
2. *Le Marin de Gibraltar* de Marguerite Duras, Gallimard, 1952.
3. *L'Espèce humaine* de Robert Antelme, La Cité Universelle, 1947.
4. Article de Robert Antelme et Dionys Mascolo dans le journal *Combat* du 28 janvier 1948.
5. *Les Temps modernes*, octobre 1947.
6. *L'An zéro de l'Allemagne* d'Edgar Morin, La Cité Universelle, 1946.
7. Marguerite Duras, aux éditions Gallimard en juin 1950.

3

5

4

6

MARGUERITE DURAS

UN BARRAGE
CONTRE
LE PACIFIQUE

roman

nrf

GALLIMARD

1

Cette exclusion, assortie de calomnies inju-
rieuses à l'égard de sa vie privée (Dionys
Mascolo et Robert Antelme, exclus en même
temps, s'en indignent), provoque chez Marguerite Duras une colère qui durera longtemps. Ironie du sort, les arrière-plans
politiques de son nouveau roman — dénon-
ciation de la corruption en milieu colonial,
appel à la révolte des travailleurs indigènes —
sont en phase directe avec la propagande
anticolonialiste du PCF dont elle est s'est effor-
cée avec application d'épouser les thèmes, se
plaçant opportunément du côté des oppri-

2

PREY NUP

n'arrêta ma mère. Nous avons vécu six mois d'affilée à Banteaï-Prey (nom de la plantation) ma mère ayant obtenu de la Direction de l'enseignement de Saigon une mise en disponibilité. Pendant la construction de notre maison nous habitions ma mère, mon jeune frère et moi une paillotte attenante à celle des domestiques "du haut". (le village étant situé à quatre heures de barque de la piste, donc de notre maison). Nous partagions complètement la vie de nos domestiques à ceci près que ma mère et moi disposions d'un matelas pour la nuit. J'avais alors 11 ans et mon frère 13. Nous aurions été parfaitement heureux si la santé de notre mère n'avait pas flanché. L'énervement et la joie de nous voir si pas d'été sortis d'affaire, coïncida avec un retour d'âge qui fut particulièrement pénible. Ma mère eut alors deux ou trois crises d'épilepsie qui la laissaient dans une espèce de coma léthargique qui pouvait se prolonger pendant une journée entière. Outre qu'il était impossible de trouver un médecin ~~lequel~~ ~~avait~~ le téléphone n'existait absolument pas à cette époque là dans cette région du Cambodge, les crises de ma mère continuaient et apeuraient les domestiques indigènes qui chaque fois menaçaient de s'en aller. Ils avaient peur de ne pas être payés. Ils connaissaient la ~~paillotte~~ et s'asseyaient en silence sur le talus qui la bordaient pendant toute la journée sur

més. Vexation supplémentaire : à l'automne, *Un barrage contre le Pacifique* se voit refuser le prix Goncourt, qu'il aurait pourtant mérité. Marguerite Duras se persuadera pendant des années que ce refus était dû à son appartenance au Parti communiste.

Du côté maternel, les choses ne vont pas beaucoup mieux. Marie Donnadieu, qui cherche à acquérir (ce qu'elle fera en 1953) un château au bord de la Loire pour y finir ses jours et investir ses économies, ne se reconnaît pas dans le portrait que sa fille a tracé d'elle. Cette Mère courage un peu folle, luttant contre les éléments et l'injustice sociale pour sauver ses rizières, paraît outrageante à une femme qui a aspiré une grande partie de sa vie à faire figure de grande bourgeoise. Les retrouvailles entre la mère et la fille en souffrent durement. Et ce n'est certes pas la publication, quatre ans plus tard, du recueil de nouvelles *Des journées entières dans les arbres* qui arrangera les choses. Marguerite, dans la nouvelle qui a donné son titre à l'ouvrage, a osé dévoiler au grand jour (avec un humour mêlé de tendresse qui ravit ses lecteurs) la préférence réelle ou supposée que sa mère aurait toujours manifestée envers l'aîné de ses enfants. Après ce nouveau coup d'éclat, la châtelaine refuse définitivement de voir sa fille.

1. Couverture d'*Un barrage contre le Pacifique*, Marguerite Duras, Gallimard, 1950.
2. Pages des « Cahiers de la guerre », première ébauche du *Barrage*.
3. Le rac, devant le bungalow de la concession.
4. Pancarte au bord de la route de Kampot à Réam, à l'entrée du pont qui franchit le rac.
5. « La plaine » et le littoral du golfe de Siam vus de la station du Bokor, au-dessus de Prey Nop, dans la chaîne de l'Éléphant.
6. Enfant cambodgien.

Pendant ce temps, le *Barrage* poursuit sa lente ascension au panthéon littéraire. Malgré de bonnes critiques, le livre n'a connu que des ventes modestes. Il faudra attendre plus de dix ans pour que le tirage de ce roman, considéré de nos jours comme un des classiques de la littérature française du xxᵉ siècle, dépasse les quinze mille exemplaires. Même phénomène avec le roman suivant, *Le Marin de Gibraltar*, qui paraît en 1952, toujours chez Gallimard. La facture du récit a été inspirée à l'auteur par la lecture du livre d'Ernest Hemingway, *Les Vertes Collines de l'Afrique*. Même style direct, même détachement vis-à-vis des personnages. Comme chez Hemingway, on boit beaucoup – du whisky surtout, boisson à la mode. Anna, la riche héroïne qui, sur son yacht, recherche de port en port son amant disparu, n'a pas encore le mystère des futures créatures durassiennes. Cependant, sa totale disponibilité devant l'amour et son mépris des conventions lui confèrent déjà une certaine singularité. L'année suivante, paraissent *Les Petits Chevaux de Tarquinia*. Le caractère fortement autobiographique du roman (les vacances à Bocca di Magra) choque l'entourage de Marguerite qui lui déconseille de le publier. Dans ce livre, « où il ne se passe rien », gémit une certaine critique, la romancière aborde avec un ton tout à fait neuf un thème destiné à devenir un élément majeur de son inspiration, celui de la sournoise désagrégation du couple, de la désaffection, de l'usure du désir – ce qu'elle appellera plus tard « la mort de l'amour ». La voix d'un auteur nouveau commence à se faire entendre, avec, déjà, cette discrétion dans le registre, cette économie pour parvenir à l'essentiel qui sera sa marque très personnelle. Qualités que l'on retrouve en 1955 avec *Le Square*, « roman », qui traite en mode mineur la rencontre de deux solitudes.

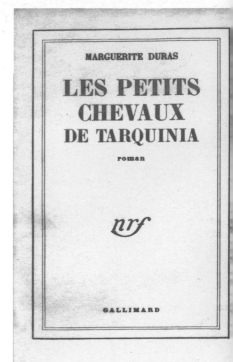

3

1. Le square Saint-Germain-des-Prés à Paris, en 1956 ; au fond : la rue Saint-Benoît.
2. Couverture du *Square*, Marguerite Duras, Gallimard, 1955.
3. Couverture des *Petits Chevaux de Tarquinia* de Marguerite Duras, Gallimard, 1953.
4. Page de droite : Marguerite Duras à sa table de travail rue Saint-Benoît, en 1955.

1

2

EMPÊCHONS L'ASSASSINAT DES ROSEMBERG INNOCEN
TOUS AU VEL' D'HIV

1

2

3

Le poids de l'actualité

Dans la seconde partie de la décennie, Marguerite Duras, qui, malgré sa déconvenue, se voudra communiste jusqu'à la fin de sa vie, continue à militer en faveur des causes qui mobilisent « la gauche ». Que ce soit pour la signature de l'Appel de Stockholm contre la bombe atomique, les manifestations contre la guerre de Corée ou la campagne en faveur des époux Rosenberg accusés d'espionnage (ils sont exécutés aux États-Unis en juin 1953), elle et ses amis les plus proches ne sauraient rester inactifs. À l'opposition à la guerre d'Indochine, qui se termine au printemps 1954 avec la signature des accords de Genève reconnaissant l'indépendance du Vietnam, succèdent les protestations contre la poursuite des combats qui enflamment peu à peu l'Algérie à partir de l'automne de la même année. À la fin de l'été suivant, à la suite du rappel des réservistes, cent mille hommes participent sur le terrain à ce qui n'est encore que « le maintien de l'ordre ». Marguerite assiste à la réunion fondatrice du Comité d'action des intellectuels contre la poursuite de la guerre en Afrique du Nord. Ce comité, créé par Robert Antelme, Dionys Mascolo, Edgar Morin et leur ami, l'écrivain Louis-René des Forêts, reçoit le soutien de personnalités aussi diverses que François Mauriac, Roger Martin du Gard, André Breton, Claude Lévi-Strauss, Jean Rostand et Georges Bataille. Un « Appel » lancé par le comité est signé par plus de trois cents intellectuels et artistes, dont Pierre Emmanuel, Jules Roy, Aimé Césaire, Jean-Paul Sartre et Simone de Beauvoir, Jean Cocteau, Françoise Sagan, Jean Genêt, Pierre Boulez, Nathalie Sarraute, Jean-Louis Barrault, etc. C'est le début d'un long engagement qui va marquer l'activité du « groupe de la rue Saint-Benoît » au cours des années suivantes.

1. Banderole contre l'exécution d'Ethel et Julius Rosenberg en 1952.
2. Annonce du « coup de force d'Alger » le 22 avril 1961.
3. Soldats sud-coréens et américains, octobre 1950.
4. Guerre du Vietnam, 1952.

4

1956
1970

L'affirmation d'une œuvre

La période qui s'ouvre avec l'entrée des chars soviétiques dans les rues de Budapest et s'achève sur les répercussions des événements de Mai 68 sur la scène française se présente, dans l'existence de Marguerite Duras, comme une étape décisive, marquée à la fois par un approfondissement de son engagement politique et une indépendance croissante à l'égard du monde extérieur. Parallèlement, sa vie privée et sa vie professionnelle connaissent une série de changements importants qui vont avoir une influence déterminante sur la poursuite d'une œuvre de plus en plus originale, tant par son contenu que par les formes diverses qu'elle revêt. Tout en continuant à laisser sa veine romanesque s'épanouir vers des terres inconnues — au risque de déconcerter nombre de critiques et de lecteurs trop pressés de la cantonner dans un classicisme de bon aloi —, c'est l'époque au cours de laquelle elle aborde le théâtre et le cinéma, deux domaines qui vont contribuer à accroître sa notoriété, en France et à l'étranger. À cet égard, le succès international qui suivra la projection au Festival de Cannes, en 1959, d'*Hiroshima, mon amour*, le film d'Alain Resnais pour lequel elle écrit scénario et dialogues, est un facteur d'une portée considérable.

La fin des années 1950 est aussi l'époque où elle commence à faire entendre sa voix dans les journaux et à la télévision, tant par le biais des nombreuses interviews auxquelles elle se prête régulièrement, que par son intervention directe sous la forme de chroniques dans le nouvel hebdomadaire *France Observateur*. Dans les mêmes années, elle participe à une série de shows télévisés produits par Daisy de Galard pour l'ORTF. En 1964, elle découvre le Nouveau Monde à l'occasion d'un voyage à New York à l'invitation de Grove Press, son éditeur américain. C'est le début d'une relation fertile avec les milieux universitaires ou d'avant-garde aux États-Unis, parmi lesquels la Nouvelle Vague et le Nouveau Roman suscitent curiosité et engouement. Ce sont eux qui assureront le succès de *Détruire, dit-elle*, la réponse de l'auteur en forme de film à la grande secousse de Mai 68.

1. Extrait du brouillon dactylographié de *La Vie matérielle* de Marguerite Duras.

~~Beaucoup de gens nous disent en parlant d'elle, de leur mère,~~ ~~nous disent :~~ Ma mère était folle , je le dis, je le crois . Foll.

~~Dans le souvenir, on rit beaucoup, des mères . Et~~ c'est plai~~ss~~ant.

~~beaucoup ça .~~

A Neauphle-le-Château, dans ma maison de campagne, j'avais fait une liste des produits qu'il fallait toujours avoir à la maison . Il y'en avait à peu près vingt cinq . On a gardé cette liste, elle est toujours là, parce que c'était moi qui l'avaiA écrite . Elle est toujours exhaustive .

Ici ~~c'est à~~ Trouville, c'est autre chose, c'est un appartement . Je n'y penserais pas pour ici . Mais à Neauphle il y a toujours eu des provisions . Voici cette liste :

— Il y a toujours eu

... da vin . Il y a tou...

... du vinaigre, des po...

du ~~poivre~~ ... de la farine, du ri...

... ès haricots, des am...

... du sel, du lait con...

La liste est toujours là, sur le ...

... produit que ceux qui sont là .

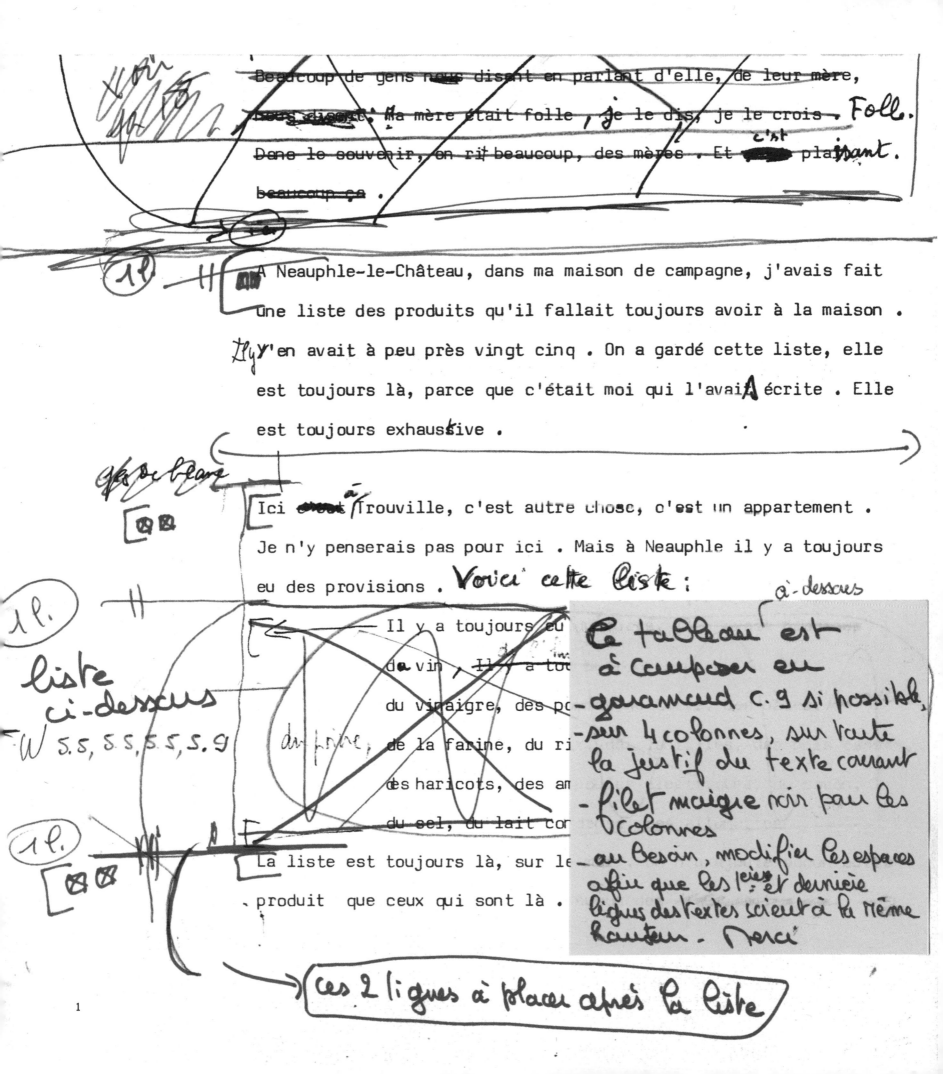

Handwritten annotations:

liste
ci-dessous
W 5.5, 5.5, 5.5, 5.9

à-dessous

Ce tableau est à composer en garamond c.9 si possible, -sur 4 colonnes, sur toute la justif du texte courant -filet maigre noir pour les 6 colonnes -au besoin, modifier les espaces afin que les 1ère et dernière lignes des textes soient à la même hauteur - Merci

Ces 2 lignes à placer après la liste

Activisme et manifestes

Sous la pression des événements (procès de Moscou, écrasement de la révolte hongroise, intensification de la répression en Algérie), l'activisme politique de Marguerite Duras et de son entourage s'accentue, le plus souvent sous la forme d'articles ou de manifestes publiés dans journaux et revues. Leur hostilité envers le Parti communiste grandit en proportion de la glaciation de ce dernier sous les effets d'une adhésion de plus en plus étroite au stalinisme. En 1957, à la suite de la publication du rapport Khrouchtchev dans *Le Monde*, le groupe de la rue Saint-Benoît fait circuler un « Appel aux travailleurs de France » les exhortant à exiger un débat public sur « l'emploi de méthodes staliniennes dans le mouvement ouvrier ». Marguerite Duras interpelle les « Assassins de Budapest » dans la revue *Le 14 Juillet*, créée par Dionys Mascolo et Jean Schuster en 1958, en opposition au retour au pouvoir du général de Gaulle (« Nous déclarons illégal le gouvernement de Charles de Gaulle usurpateur », lit-on dans le premier numéro). La guerre d'Algérie les entraîne à passer à une action plus directe, Marguerite en particulier, qui a assisté, en janvier 1956, au meeting de soutien au peuple algérien organisé à la salle Wagram par le Comité des intellectuels (Sartre et Aimé Césaire y ont pris la parole). L'année suivante, le premier réseau d'aide au FLN se constitue en France autour de Colette et Francis Jeanson. Marguerite apporte son aide à l'un de ces réseaux en cachant de l'argent chez elle (« On avait beaucoup de fonds rue Saint-Benoît. J'étais porteur de valises »). Cette activité sera portée à son point culminant par la signature, en juillet 1960, du fameux « Manifeste des 121 », rédigé par Mascolo et Schuster sous forme de « Déclaration sur le droit à l'insoumission dans la guerre d'Algérie » (la formule est attribuée à Maurice Blanchot).

1

Les soussignés, considérant que chacun doit se prononcer sur des actes qu'il est désormais impossible de présenter comme des faits divers de l'aventure individuelle ; considérant qu'eux-mêmes, à leur place et selon leurs moyens, ont le devoir d'intervenir, non pas pour donner des conseils aux hommes qui ont à se décider personnellement face à des problèmes aussi graves, mais pour demander à ceux qui les jugent de ne pas se laisser prendre à l'équivoque des mots et des valeurs, déclarent :

— Nous respectons et jugeons justifié le refus de prendre les armes contre le peuple algérien.

— Nous respectons et jugeons justifiée la conduite des Français qui estiment de leur devoir d'apporter aide et protection aux Algériens opprimés au nom du peuple français.

— La cause du peuple algérien, qui contribue de façon décisive à ruiner le système colonial, est la cause de tous les hommes libres.

Arthur ADAMOV	Arsène BONNAFOUS-MURAT	Hubert DAMISCH
Robert ANTELME		Bernard DORT
Georges AUCLAIR	Raymond BORDE	Jean DOUASSOT
Jean BABY	Jean-Louis BORY	Simone DREYFUS
Hélène BALFET	Jacques-Laurent BOST	Marguerite DURAS
Marc BARBUT	Pierre BOULEZ	Yves ELLÉOUET
Robert BARRAT	Vincent BOUNOURE	Dominique ELUARD
Simone de BEAUVOIR	André BRETON	Charles ESTIENNE
Jean-Louis BÉDOUIN	Guy CABANEL	Louis-René des FORÊTS
Marc BEGBEIDER	Georges CONDAMINAS	Dr. Théodore FRAENKEL
Robert BENAYOUN	Alain CUNY	André FRÉNAUD
Maurice BLANCHOT	Jean CZARNECKI	Jacques GERNET
Roger BLIN	Dr. Jean DALSACE	Louis GERNET
Geneviève BONNEFOI	Adrien DAX	Edouard GLISSANT

Anne GUÉRIN	Andrée MARTY-CAPGRAS	Jacques-Francis ROLLAND
Daniel GUÉRIN	Dionys MASCOLO	Alfred ROSMER
Jacques HOWLETT	François MASPÉRO	Gilbert ROUGET
Edouard JAGUER	André MASSON	Claude ROY
Pierre JAOUEN	Pierre de MASSOT	Marc SAINT-SAENS
Gérard JARLOT	Jean-Jacques MAYOUX	Nathalie SARRAUTE
Robert JAULIN	Jehan MAYOUX	Jean-Paul SARTRE
Alain JOUBERT	Théodore MONOD	Renée SAUREL
Henri KRÉA	Marie MOSCOVICI	Claude SAUTET
Robert LAGARDE	Georges MOUNIN	Jean SCHUSTER
Monique LANGE	Maurice NADEAU	Robert SCIPION
Claude LANZMANN	Georges NAVEL	Louis SEGUIN
Robert LAPOUJADE	Hélène PARMELIN	Geneviève SERREAU
Henri LEFEBVRE	Marcel PÉJU	Simone SIGNORET
Gérard LEGRAND	José PIERRE	Jean-Claude SILBERMANN
Michel LEIRIS	André PIEYRE	Claude SIMON
Paul LÉVY	de MANDIARGUES	René de SOLIER
Jérôme LINDON	Edouard PIGNON	D. de la SOUCHÈRE
Eric LOSFELD	Bernard PINGAUD	Jean THIERCELIN
Robert LOUZON	Maurice PONS	Dr. René TZANCK
Olivier de MAGNY	J.-B. PONTALIS	VERCORS
Florence MALRAUX	Jean POUILLON	J.-P. VERNANT
André MANDOUZE	Denise RENÉ	Pierre VIDAL-NAQUET
Maud MANNONI	Alain RESNAIS	J.-P. VIELFAURE
Jean MARTIN	Jean-François REVEL	Claude VISEUX
Renée Marcel-MARTINET	Alain ROBBE-GRILLET	YLIPE
Jean-Daniel MARTINET	Christiane ROCHEFORT	René ZAZZO

2

3

4

1. *France Observateur* du 11 juillet 1957 et du 9 novembre 1961, dans lesquels Marguerite Duras signe les articles « Le dimanche des héros » et « Les deux ghettos ».
2. Marguerite Duras, Jean-François Josselin, Michel Foucault, Jean Daniel et Philippe Sollers au siège du *Nouvel Observateur*.
3. Couverture d'*Outside*, où sont rassemblées des chroniques de Marguerite Duras pour *France Observateur*, P.O.L., 1984.

france Observateur

12ᵉ Année. - N° 601. - Jeudi 9 Novembre 1961 1 N. F.

PIERRE BELLEVILLE et SERGE MALLET :

LA BATAILLE DE LA VILLETTE

UN DOCUMENT :

le 22ᵉ congrès vu par Togliatti

GEORGES SUFFERT :

Un homme qui monte

MARGUERITE DURAS :

LES DEUX GHETTOS

L'ouverture par le Parquet de la Seine d'informations judiciaires portant sur la découverte d'une soixantaine de cadavres de Nord-Africains repêchés ou retrouvés et sur le dépôt d'une quarantaine de plaintes pour disparitions, sévices, séquestration ou vol a été annoncée officiellement le 6 novembre.

Telle est la première réponse aux questions que nous avons posées dans nos précédents numéros. Elle n'est pas suffisante (voir page 8).

Marguerite Duras a posé, elle aussi, des questions : à deux ouvriers algériens d'abord, à une survivante du ghetto de Varsovie ensuite.

Les questions sont identiques, les réponses sont éloquentes. Le temps des ghettos, que l'on croyait révolu, est-il revenu ? (Voir pages 8, 9 et 10.)

A-T-IL TROP D'AUTOMOBILES ?

Qu'y aura-t-il après le gaullisme ? Une autre IVᵉ ou une VIᵉ entre les mains d'une nouvelle génération d'hommes encore inconnus du grand public mais qui cherchent inlassablement dans la définition des relations entre syndicalisme et politique autre chose qu'une planche de salut pour un coup de force éventuel ?

Ces hommes, *France Observateur*, dans une série de portraits, entreprend de vous les présenter.

Aujourd'hui, Eugène Descamps, secrétaire général de la C.F.T.C., héritier direct de toute une tradition ouvrière et syndicale. (Page 7.)

EN PAGE 4 : Les minoritaires socialistes voteront-ils les pouvoirs spéciaux ?

france Observateur

HUITIEME ANNEE. — N° 374   11 JUILLET 1957   TOUS LES JEUDIS : 50 FR. — 60 FR. : A. F. — MAROC : 65 FR.

Khrouchtchev peut-il être un nouveau Staline ?

Articles de Pietro Nenni
Claude Bourdet, et François Fejto

▶ Ève DECHAMP : **Onassis à Tanger ?**

▶ Georges DUVEAU : **Les instituteurs ont changé**

▶ Marguerite DURAS : **Le dimanche des héros**

SOMMAIRE

Plaidoyers et chroniques

À partir de 1957, Marguerite Duras apporte sa collaboration à *France Observateur*, hebdomadaire « neutraliste de gauche » fondé en 1950 par Claude Bourdet (en 1965, il devient *Le Nouvel Observateur*). Pendant plus de deux ans, elle y publie chaque mois plusieurs articles dans lesquels elle s'exprime sur des sujets très divers, montrant une prédilection pour les faits-divers qui mettent en lumière les dysfonctionnements de la société française. « Les fleurs de l'Algérien », « Alors, on ne guillotine plus ? », « Racisme à Paris », « Les coupeurs d'eau », « Entretien avec un voyou sans repen-

tir »... sont autant de plaidoyers pour plus de justice et plus de tolérance. Sa compassion envers les pauvres et les opprimés, sa fascination (d'aucuns diront coupable) devant l'énigme que présentent certains crimes s'expriment en termes éloquents dans leur économie même, révélant chez elle une perception aiguë de l'humain alliée à un élan de sympathie instinctif envers les êtres, à cent lieues de toute psychologie de circonstance comme de tout sentimentalisme. Au cours de l'hiver 1957, ayant assisté au procès en cour d'assises du docteur Évenou et de sa maîtresse, accusés du meurtre de l'épouse légitime, elle demande à ses lecteurs de bien vouloir admettre

« la *vérité* des ténèbres ». Pour tenter d'apporter tout de même un peu de clarté dans la relation sadomasochiste entre Évenou et sa complice, elle risque un « Je t'aime, donc je te hais, donc je te tue » qui résonne comme un signe annonciateur du meurtre passionnel sur lequel s'ouvre *Moderato Cantabile*, le roman dont elle commence la rédaction cette année-là. Deux ans plus tard, on en retrouvera l'écho apaisé dans le célèbre « Tu me tues, tu me fais du bien », psalmodié en contrepoint des scènes d'amour de *Hiroshima*. La vie et la fiction se confondant, Marguerite vit elle-même à ce moment-là une nouvelle passion.

DURAS OUTSIDE

1

2

3

1. Marguerite et Gérard Jarlot à Cortinat d'Ampezzo.
2. Marguerite sur la plage à Trouville, années 1960.
3. Marguerite aux Roches-Noires à Trouville.
4. Le château des Tertres à Onzain, sur les bords de la Loire, dernière résidence de Marie Donnadieu.
5. La mère de Marguerite Duras à Onzain, au début des années 1950.
6. Brigitte Bardot et Jacques Charrier à Saint-Tropez, juillet 1959.
Double page suivante : La maison de Neauphle et l'étang.

Nouvelles amours, nouvelles maisons

Sur le plan de la vie privée, ces quinze années se présentent comme une période charnière. En 1956, leur liaison ayant connu quelques avatars, Marguerite Duras rompt avec Dionys Mascolo, lequel continuera cependant à habiter sous le même toit pendant dix ans et à veiller avec elle sur l'éducation de leur fils. Celui-ci, trop gâté par sa mère, est un garçonnet très turbulent. À l'issue d'un conseil de famille auquel participent Robert et Monique Antelme, la décision est prise de l'envoyer dans une pension à Chambon-sur-Lignon — ce qu'il vivra assez mal. Au cours de l'année 1956, Marguerite fait la connaissance de Gérard Jarlot, écrivain et reporter à *France-Dimanche*, avec lequel elle entame une liaison passionnée qui durera jusqu'au milieu des années 1960. De l'aveu même de l'auteur, la dominante érotique de cette liaison

sonne pour elle comme une révélation. On peut retrouver la marque de ce saut dans l'inconnu, pouvant aller jusqu'à la violence, dans *L'Homme assis dans le couloir*, un texte sulfureux datant de cette époque-là, bien que publié sous son nom beaucoup plus tard. Un début de collaboration littéraire s'établit entre les deux amants (ils signent de concert l'adaptation de *Moderato Cantabile* pour l'écran, ainsi que le scénario original du film d'Henri Colpi, *Une aussi longue absence*). Ensemble, ils voyagent, dansent, vont aux sports d'hiver, boivent (beaucoup), passent leurs étés à Saint-Tropez où ils côtoient Brigitte Bardot et le Tout-Paris... C'est là qu'en août 1956 Marguerite apprend, par un télégramme de son frère aîné, que leur mère est au plus mal. Partie de Saint-Tropez en voiture avec Jarlot, elle n'arrivera sur les bords de la Loire que pour la mise en bière et l'enterrement. Marie Donnadieu s'est éteinte dans son domaine des Tertres sans revoir sa fille.

« J'aime Neauphle. Je n'avais pas de patrie et voilà qui est fait. »

1

2

Cette même année, grâce à la vente des droits d'adaptation cinématographique du *Barrage contre le Pacifique* au producteur italien Dino de Laurentis, Marguerite, dont les ressources sont alors très modestes, s'est acheté une maison à elle aux environs de Paris, à Neauphle-le-Château, une petite bourgade de la Seine-et-Oise située dans la partie du département qu'une loi de 1964 rebaptisera les Yvelines. « Nous sommes à trente-sept kilomètres de Saint-Germain-des-Prés », confie la nouvelle propriétaire aux lecteurs de *France Observateur*. La maison elle-même est faite de plusieurs bâtisses sur rue, avec,

[Manuscrit autographe — « La cuisson du riz »]

118 bis

3

[Manuscrit autographe — « Le Thit Khô »]

4

à l'arrière, un grand jardin et, sur le côté, un étang dans lequel son fils pêche la carpe. Cette retraite au charme rustique, aménagée par Marguerite avec un discret abandon, devient en quelques années son repaire de prédilection. Elle y installe sa table de travail, confie le « parc » à Dionys Mascolo qui y plante « un millier de roses », veille à la cuisine où elle prépare elle-même les repas pour la famille et les amis qui s'y retrouvent pendant les week-ends. Elle dira plus tard avoir « habité » cette maison plus que toute autre. Elle y poursuivra opiniâtrement son labeur d'écrivain, y tournera plusieurs films (dont *Nathalie Granger* et *Le Camion*), y sera souvent dans une grande solitude. À partir de 1963, c'est à Trouville, où elle a fait l'acquisition d'un appartement dans l'ancien hôtel des Roches-Noires immortalisé par Marcel Proust, qu'elle passe une partie de ses étés. Elle retrouve là des souvenirs de jeune fille et son territoire d'élection, d'eau, de sable et de lumière changeante sur l'horizon à l'infini. La plage de Trouville et son casino municipal joueront leur rôle dans la création du lieu mythique de S. Thala, où se noue au cours d'un bal le drame qui va ravir *Lol V. Stein*, héroïne durassienne par excellence, à elle-même.

5

1. Marguerite chez elle à Neauphle-le-Château.
2. La liste des ingrédients et produits à avoir toujours chez soi, dressée par Marguerite Duras.
3 et 4. Recettes de Marguerite Duras.
5. La cuisine de Neauphle-le-Château.
6. Jean Mascolo au collège Cévenol à Chambon-sur-Lignon en 1961.

6

À l'école du Nouveau Roman ?

En 1958, changement de cap dans son œuvre romanesque et changement (provisoire) d'éditeur. *Moderato Cantabile*, que Claude Roy à sa sortie qualifie dans *Libération* de « Madame Bovary réécrite par Béla Bartók », paraît aux éditions de Minuit sur les conseils d'Alain Robbe-Grillet. La maison dirigée par Jérôme Lindon publie les auteurs rassemblés sous l'étiquette en vogue du Nouveau Roman : Robbe-Grillet lui-même (le « pape » et principal théoricien), Michel Butor, Nathalie Sarraute, Claude Simon, Robert Pinget..., et aussi Samuel Beckett. D'où l'empressement que mettent alors certains critiques et quelques faiseurs d'anthologies de la littérature du XXe siècle à ranger Marguerite Duras sous une bannière qui ne lui convient que très peu. Anne Desbarèdes, l'héroïne de *Moderato Cantabile*, est une bourgeoise de province qui s'arrête au bord de l'adultère, mais dont l'équilibre affectif et l'insertion dans la société sont à jamais compromis. Elle prend rang pour longtemps parmi les plus satisfaisantes créations littéraires, suivie de très près par Monsieur Andesmas, dont *L'Après-Midi*, qui paraît chez Gallimard en 1962, est un récit d'une rare puissance émotionnelle, distillée avec une incomparable économie de moyens. Entre-temps, *Dix heures et demie du soir en été*, publié en 1960, est venu confirmer que son auteur est une romancière avec laquelle il faudra désormais compter. C'est ce que pensent les jurés du prix de Mai, parmi lesquels on relève les noms de Georges Bataille, Maurice Nadeau et Roland Barthes, qui la couronnent, reconnaissant la perfection de *Moderato Cantabile*. Le temps de la notoriété est venu. Interviewée par Maryse Shaeffer en 1962 pour le magazine *Elle,* Marguerite Duras est présentée comme « l'écrivain français qui a le mieux compris l'amour ». Ce qui n'est pas pour lui déplaire.

1. Marguerite Duras reçoit le prix de Mai à la Hune
pour *Moderato Cantabile*.
2. Couverture de *Moderato Cantabile* de Marguerite Duras,
éditions de Minuit, 1958.
3. Alain Robbe-Grillet, Claude Simon, Claude Mauriac,
Jérôme Lindon, Robert Pinget, Samuel Beckett,
Nathalie Sarraute et Claude Ollier en 1959.
4. Affiche du film *Moderato Cantabile*.

MARGUERITE DURAS

**MODERATO
CANTABILE**

roman

☆
m

LES ÉDITIONS DE MINUIT

From Resnais.IMPERIAL HOTE

Marguerite DURAS
5 rue Saint Benoit
PARIS 6e. (France)

Great
Buddha,
Kamakura

VIA AIR MAIL

HIROSHIMA. MON AMOUR.

Nous sommes dans l'été 1957, en Août, à Hiroshima.

Une femme française, d'une trentaine d'années est dans cette ville. Elle y est venue pour jouer dans un film "international". Un film sur la Paix.

L'histoire commence la veille du retour en France de cette française. Le film dans lequel elle joue est en effet terminé. Il n'en reste qu'une séquence à tourner.

C'est la veille de son départ pour la france que cette française, qui ne sera jamais nommée dans le film - cette femme anonyme- rencontrera un japonais, (ingénieur, ou architecte et qu'ils auront ensemble une aventure de trente six heures au plus. Une histoire d'amour.

Les conditions de leur rencontre ne seront pas éclaircies dans le film. Car ce n'est pas là, la question. On se rencontre partout dans le monde, comme on peut. Ce qui importe c'est ce qui s'ensuit de ces rencontres quotidiennes des hommes et des femmes entre eux.

La première foie qu'on les voit, ils sont couchés, nus, dans une chambre d'hôtel, la chambre de la française. Ils sont nus. Leurs corps enlacés apparaissent sous le signe du fameux "champignon" au-dessous de son infernal développement.

De quoi parlent-ils ? Justement de HIROSHIMA.

Elle lui dit qu'elle a tout vu à HIROSHIMA. On voit ce qu'elle a vu. C'est horrible. Cependant que sa voix à lui, négatrice, texera les images de mensongères et qu'il répetera, impersonnel, insupportable, qu'elle n'a rien vu à HIROSHIMA.

Leur premier propos sera donc allégorique. Ce sera, en somme, un propos d'opéra. Impossible de parler de HIROSHIMA. Tout ce qu'on peut faire c'est de parler de l'impossibilité de parler de HIROSHIMA.

1

L'appel du cinéma

Le film tiré du *Barrage contre le Pacifique* sort à Paris sur les écrans en avril 1958, peu après la parution de *Moderato Cantabile* en librairie. Marguerite ne reconnaît plus son roman dans la grande production internationale tournée en Technirama par René Clément, dans l'adaptation en langue anglaise d'Irwin Shaw. Une occasion d'apporter une contribution originale au cinéma va lui être donnée peu après. Alain Resnais et son producteur Anatole Dauman cherchent un écrivain pour faire le scénario d'un projet de film franco-japonais sur les effets de la bombe atomique. Ce film serait tourné sur les lieux mêmes de l'explosion qui a anéanti la ville de Hiroshima treize ans auparavant. Marguerite Duras, sollicitée, pense que la tâche est impossible. Elle s'y attelle tout de même et, en l'espace d'un été, alors que le metteur en scène est au Japon pour les repérages, tisse la trame d'une double histoire d'amour. La première est vécue au présent, parmi les vestiges pétrifiés de la tragédie atomique. La seconde, tirée de l'oubli, ressuscite des événements douloureux vécus dans la France de l'Occupation. La suite, depuis plus d'un demi-siècle, appartient à la légende cinématographique : en 1959, *Hiroshima mon amour*, projeté à Cannes « hors festival » par suite de la timidité du comité de sélection, provoque l'enthousiasme d'une grande partie de la critique internationale. Ce film d'une facture déroutante pour l'époque, fait ensuite une éclatante

.JAPAN.

carrière, tant en France qu'un peu partout dans le monde. C'est aujourd'hui un classique incontournable dans lequel les dialogues incantatoires de Marguerite Duras, admirablement mis en valeur par la mise en scène d'Alain Resnais et l'interprétation d'Emmanuelle Riva et de son partenaire japonais, continuent à résonner comme au premier jour.

2

3

(suite.)

-5-

TROISIEME ACTE.(Style B.De Mille)

Premier tableau :La rencontre.

Page 25.La proximité de l'Hotel et de la place de la Paix rend invraisemblable le taxi du matin.Donc je choisis la cour de l'Hopital.Ou la fondation Moriss.)

Page 25.Je crois qu'il suffit de couper "Place de la Paix" dans la réplique d'Okada.

Page 25.Je voudrais que Riva réponde quelque chose de plus précis.Dans le gout de:"Pour moi,oui.Ils tournent maintenant les scènes de foule".

Page 26.J'aimerais bien préciser:"Le film a déjà un mois de retard.On m'attend a Paris depuis plus de trois semaines".

Page 26.Peut être peut-on couper brutalement après la phrase sur l'orage, pour les retrouver coincés dans le défilé(sous la caméra?).Ça économiserait de la figuration.

Page 30.Puisque les bombardements avaient chassé les ecoles dans la campagne il faudrait un peu changer les répliques.Peut être,simplement: Elle:"Les enfants,le 6 aout...?" Lui:"Oui."

Voilà:Je m'accorde maintenant deux heures de promenade dans Tokio (première flanerie depuis cinq jours) et j'attaque le découpage.

J'ai tort de vous montrer des photos, car si on tourne, où sera la surprise?

Photographie

Escaliers (mieux qu'ascenseur) à l'Hotel.

Images inexplicables trouvées sur ma pellicule ! Inquiétantes, non?

Place de la gare, la nuit.

Futur du café du fleuve.

4

1. Extrait du manuscrit de *Hiroshima mon amour*.
2 et 4. Lettre d'Alain Resnais envoyée du Japon à Marguerite Duras avec photos de repérage.
3. Marguerite Duras au festival de Cannes, en 1967.
5. Placard publicitaire d'un journal américain pour le film *Hiroshima mon amour*.
6. Affiche du film *Hiroshima mon amour* d'Alain Resnais.
Double page suivante : Emmanuelle Riva et Eji Okada dans le film *Hiroshima mon amour*.

1960.   L+   43

"'Hiroshima,' Mon Amour' IS A LANDMARK IN MOTION PICTURES!

UNDOUBTEDLY A MASTER-PIECE. No more genuinely moving motion picture has emerged in years!" —*Saturday Review*

"THE MOST MOVING, EMOTIONAL FILM IN MANY YEARS! It is the most talked-about European film since the war."
The New Yorker

"A THOUSAND FILMS IN ONE! The acknowledged masterpiece of the New Wave of Gallic moviemakers. An intense, original and ambitious piece of cinema." —*Time*

"The flow of ideas and images through the subconscious has never been so skillfully, dramatically, imaginatively and completely realized, as in this engrossing drama!"

5

EMMANUELE RIVA
dans

HIROSHIMA MON AMOUR

un film de
ALAIN RESNAIS
scénario et dialogues
MARGUERITE DURAS

6

Les lieux de la fiction

Après le succès mondial d'*Hiroshima mon amour*, les producteurs sollicitent Marguerite Duras pour de nouveaux scénarios. Dans les années qui suivent, elle va consacrer une partie de son temps à cette tâche relativement bien rétribuée, soit en participant à l'adaptation de ses propres romans (*Moderato Cantabile* pour Peter Brook, *Le Marin de Gibraltar* pour Tony Richardson), soit en travaillant à des scénarios originaux, tel *Une aussi longue absence*, réalisé par

Henri Colpi, Palme d'or à Cannes en 1961. Elle n'abandonne pas pour autant la fiction romanesque, trouvant le plus souvent sa première inspiration dans le souvenir de lieux qui l'ont particulièrement marquée, à tel moment du jour, sous tel ciel, dans telle lumière — parfaitement remémorés — avec un instinct infaillible pour recréer par l'écriture la sensation d'un instant pour elle seule à jamais privilégié. Tout comme la plage en plein mois d'août, le sel sur la peau, les montagnes de marbre blanc de Marina di Carrara et les bateaux à l'embouchure de la Magra

lui avaient fourni le cadre des *Petits Chevaux de Tarquinia* et l'amorce du *Marin de Gibraltar*, une étape sur la route de Madrid, lors d'un voyage en Espagne en compagnie du couple Vittorini, lui revient en mémoire, lorsqu'en 1959 elle commence à écrire *Dix heures et demie du soir en été* — un roman « d'amour et de mort » dont elle pourrait bien être l'héroïne (Jules Dassin, qui en a acquis les droits pour un film, confie le rôle à Melina Mercouri). Le décor de cette petite ville espagnole où vient de s'accomplir un crime passionnel est parfaitement en place, « la

lumière bleutée du jour mourant », le goût de l'alcool que l'on boit dans le bar à la lumière jaune des bougies, jusqu'au bleu — sombre celui-là — du ciel d'orage porteur de tragédie, et l'odeur de la terre mouillée dans « l'océan de blé » où dort le meurtrier.

1. Bocca di Magra.
2. Couverture de *L'Après-Midi de Monsieur Andesmas* de Marguerite Duras, Gallimard, 1962.
3. Affiche du film *10h30 du soir en été*, réalisé par Jules Dassin.
4. Page du roman de Marguerite Duras, *Dix heures et demie du soir en été*, Gallimard, 1960.

1

MARGUERITE DURAS

L'après-midi
L'après-midi
L'après-midi
de Monsieur
de Monsieur
de Monsieur
Andesmas
Andesmas
Andesmas

L'IMAGINAIRE
GALLIMARD

2

MELINA MERCOURI   ROMY SCHNEIDER   PETER FINCH

**10h.30
du soir
en été**

Réalisé par
JULES DASSIN

3

Chapitre I

_ Paestra, c'est le nom. Rodrigo Paestra

_ Rodrigo Paestra.

_ Oui. Et celui qu'il a tué, c'est Perez. Toni Perez.

_ Toni Perez.

Sur la place, deux policiers passent sous la pluie.

_ À quelle heure il a tué Perez ?

Le client ne sait pas au juste, au début de l'après midi qui se termine en ce moment. En même temps que ~~Perez~~ Perez, Rodrigo Paestra a tué sa
femme . Les deux victimes ont été trouvées il y a deux heures, au fond d'un
garage, celui de Perez.

Dans le café, déja, l'ombre a gagné ~~tandis que de bar il faut encore~~
~~xixxxx~~ Au fond, ~~du bar~~ des bougies sont allumées sur le bar mouillé et leur
lumière se mélange, jaune, à celle, bleutée du jour mourant. L'ondée cesse
comme elle est venue, brutalement.

_ Quel âge la femme de Rodrigo Paestra ? demande Maria.

_ Très jeune. Dix neuf ans.

Maria fait ~~bxxxxx~~ une moue de regret.

_ Je voudrais un autre manzanilla, dit elle.

Le client le lui commande . Lui aussi boit du manzanilla.

_ Je me demande comment ils ne l'ont pas encore attrappé ~~Rodrigo Paestra~~,
continue t elle. La ville est si petite.

_ Il connaît mieux la ville que les policiers . Un as, Rodrigo.

Le bar est plein . On y parle du crime de Rodrigo Paestra. On est
d'accord sur Perez, mais sur la jeune femme, non. Une enfant. Maria boit
son manzanilla. Le client la regarde, surpris.

_ Vous buvez toujours de cette façon ?

~~_____~~

_ ~~Toujours~~ Seule ?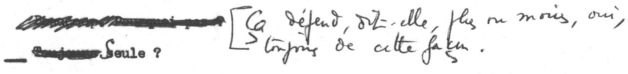

_ En ce moment, oui.

Le café ne donne pas directement sur la rue mais sur une galerie

devant l'inconvenance du regard de l'enfant.

Je ne suis plus ~~du tout~~ fatigué dit l'enfant.

Monsieur Andermas sourit. Dans ~~son~~ visage déformé par l'âge le sourire s'inscrivait désormais avec difficulté, il devenait ~~un artifice~~. Monsieur Andermas ne souriait plus naturellement.

Tu as tout ton temps, dit ~~il tout bas.~~

L'enfant s'était levé et paraissait réfléchir.

_ Je vais faire un tour, décida t ~~elle~~, et puis je reviendrai, des fois que mon père arriverait, il me redescendrait en auto.

Elle s'en alla vers le haut des collines, par là où était arrivé le chien orangé. Sa trace ~~xxxxxxxx~~ disparut dans les fourrés. Monsieur Andermas le suivit des yeux puis le perdit de vue comme un moment avant il avait perdu celle du chien orangé.

C'est alors, je le crois que le souvenir de Valérie pourtant si proche, revint à la mémoire de Monsieur Andermas . Sans doute était ce d'avoir vu la marche de l'enfant dans le chemin, légère, si légère sur les aiguilles de pins, si adroite et si sûre, que le souvenir de Valérie sa fille, ~~ainée~~, submergea Monsieur Andermas.

Il ferma les yeux sur le souvenir si proche de Valérie afin de retrouver l'odeur de ses cheveux d'enfant, encore là mais que d'autres désormais embaumaient les nuits.

Tandis que revenait cette splendeur odorante de la blondeur de valérie, un malaise envahit Monsieur Andermas. Il le ressentit dans son corps et sans doute se ~~dit~~ il que cette attente si longue du maçon, dans ce fauteuil etait néfaste à sa santé. Il lui parut qu'une lassitude subite s'emparait de ses ~~organes~~ qui refusaient d'affronter encore la plénitude du souvenir de Valérie

_ Je vais mourir, prononça tout haut Monsieur Andermas. De la même façon un moment avant il ~~avait cru~~ dire que le soir etait arrivé.

Mais aussitôt qu'il eut entendu sa voix, Monsieur Andermas sut qu'il

Marguerite fait son miel de tout. Un rayon au soleil couchant entrevu dans le bassin d'Arcachon ? Il arrive, rouge sang, dans les vitres du café de *Moderato Cantabile*. Une forêt de pins dans « un moment de lumière absolue » un jour d'été au-dessus de Rama-tuelle ? Le vent qui l'agite berce l'inquiétude de *Monsieur Andesmas* sur la terrasse où il attend sa fille Valérie, son enfant si blonde, et peut-être la mort. Une autre jeune fille, ren-contrée, celle-là, dans un établissement psy-chiatrique, vient en aide à Marguerite Duras pour un projet dont elle peine à venir à bout. En 1962, son éditeur new-yorkais lui ayant passé commande d'un scénario pour une chaîne de télévision américaine, elle fouille dans ses tiroirs et y trouve une ébauche de pièce écrite pour Loleh Bellon et Tatiana Moukhine. Lorsque le projet de télévision tombe à l'eau, elle songe à utiliser ce scéna-rio à d'autres fins, un film par exemple, qu'elle confierait à son ami Joseph Losey. Le film de Lol ne se fera pas, mais son histoire et celle de son amie Tatiana donnera naissance à l'un des romans les plus célèbres de son auteur : *Le Ravissement de Lol V. Stein*. Écrit

à Trouville dans une sorte de transe durant l'été 1963, il est publié par Gallimard en mars 1964. Le sujet échappe au lecteur pressé, le processus de narration déroute, mais le livre se vend bien. La névrose de Lola Valérie Stein, abandonnée par son fiancé pour une femme plus âgée, au cours du bal au Casino de S.Thala, suscitera d'innombrables analyses dont la plus célèbre est celle qu'en fait Jacques Lacan en 1965. La même année, avec *Le Vice-Consul*, les lecteurs de Marguerite Duras retrouvent « la ravisseuse » – la trou-blante Anne-Marie Stretter – à Calcutta, face à deux nouveaux personnages de la mythologie durassienne : une mendiante de Savannakhet parvenue en Inde au terme d'une longue errance, et le vice-consul de France à Lahore qui subit, parmi les lépreux, « la lèpre du cœur », celle de la conscience des classes privilégiées.

1. Tapuscrit annoté de *L'Après-Midi de Monsieur Andesmas*.
2. Loleh Bellon dans un projet de roman-photo par Marguerite Duras et Jean Mascolo, d'après *Le Ravissement de Lol V. Stein*.
3. Michaël Lonsdale dans le rôle du vice-consul du film *India Song*, 1975.

2

3

Michael Richardson

Son élégance et dans le repos, et dans le mouvement, raconte Tatiana, inquiétait.
— Elles étaient ce matin à la plage, dit le fiancé de Lol ~~comme de T. Beach~~.

Il s'était arrêté, il avait regardé les nouvelles venues, puis il avait entraîné ~~Jeanne~~ *Lol* dans la direction opposée ~~à celle de la porte~~, vers le bar et les plantes vertes du fond *de la salle.*

Elles avaient traversé la piste et s'étaient dirigées dans cette même direction.

Lol, frappée d'immobilité, avait regardé s'avancer, comme lui, cette grâce abandonnée, ployante, d'oiseau mort. Elle était maigre. Elle devait l'avoir toujours été. Elle avait vêtu cette maigreur, se rappelait clairement Tatiana, d'une robe noire à double fourreau de tulle également noir, très décolletée. Elle se voulait *ainsi* ~~maigre~~ *faite et vêtue,* et elle l'était à son souhait, glorieusement. L'ossature admirable de son corps et de son visage se devinait. Telle qu'elle apparaissait, telle, désormais, elle mourrait, avec son corps désiré. Qui était-elle ? On le sut plus tard : Anne-Marie Stretter. Etait-elle belle ? Quel était son âge ? ~~Qu'avait-elle connu que les autres ignoraient~~ ~~fût singulier à ce point, si seul à l'être~~ ~~et par~~

✗ *Qu'avait-elle connu, elle, que les autres avaient ignoré ? Par quelle voie mystérieuse était-elle parvenue à ce qui se présentait comme un*

d'une souriante indolence

~~pessimisme~~ ~~absolu~~, éclatant, dans lequel elle baignait tout entière ? ~~La seule véritable~~ ~~audace, semblait-il, celle de vivre,~~ la faisait tenir debout. Mais comme celle-ci était gracieuse, de même façon qu'elle. Leur marche de prairie à toutes les deux les menait de pair où qu'elles aillent. Où ? Rien d'important ne pouvait plus arriver à cette femme, pensait Tatiana, ~~plus rien, rien. Que se fût~~

Une audace pénétrée de la même, seule, il, seule,

C'était impossible de le savoir, c'est impossible de savoir quand, par conséquent, commence mon histoire de Lol V. Stein : le regard, chez elle — de ~~ce~~ ~~on~~ on enfermait que ce défaut venait d'une décoloration presque pénible de la pupille — logeait dans toute la surface des yeux, il était difficile à capter.

~~devait le décolorer comme ces yeux s'enlaidir.~~
S'étaient-ils reconnus lorsqu'elle était passée près de lui ?

Lorsque ~~l'homme de T. Beach~~ se tourna vers Lol pour l'inviter à danser pour la dernière

Michael Richardson

et qu'il

ⓐ 3

W

1. Épreuves corrigées du *Ravissement de Lol V. Stein*.
2. Brouillon du *Vice-Consul*.

— Vous n'attendez aucune réponse de personne, dit le directeur. Personne ne peut vous répondre les tennis... allez, je vous écoute.

— Je me suis aperçu qu'ils étaient déserts avant son arrivée. Puis il s'est produit un déchirement de l'air, sa jupe contre les arbres. Et ses yeux m'ont regardé.

Le vice-consul se penche sur lui même tandis que le Directeur le regarde. Il prend parfois cette pose. Sa tête retombe sur sa poitrine et reste immobile.

— Une bicyclette était là, contre le grillage des tennis, elle l'a prise et elle est partie dans une allée.

Malgré ses efforts, le Directeur n'aperçoit rien du visage du vice-consul de France. De nouveau ce que dit le vice-consul n'appelle aucune réponse.

— Par quelle voie se prend une femme ? demande le vice-consul.

Le Directeur rit.

— Quelle histoire, dit le Directeur, vous êtes saoul.

— On dit qu'elle pleure parfois, directeur, c'est vrai ?

— Oui.

— Ses amants le disent ?

— Oui.

— Je la prendrai par les larmes, dit le vice-consul, s'il m'était permis de le faire.

— Sinon ?

— Un objet pourrait faire l'affaire, l'arbre qu'elle a touché, la bicyclette aussi. Directeur, vous dormez ?

Le vice-consul réfléchit, oublie le Directeur, recommence : Directeur, ne dormez pas.

— Je ne dors pas, marmonne le Directeur.

Days In The Trees

1

2

1. Marguerite Duras à New York en 1964.
2. Marguerite Duras et le peintre Joe Dawning pendant la traversée Le Havre-New York en mars 1964.
3. Couverture de *Fours Novels*, quatre romans de Marguerite Duras réunis en un volume, Grove Press, New York, 1965.
4. Programme de la pièce *Des journées entières dans les arbres* pour la production américaine au Circle in the Square Theater à New York, en octobre 1976.
5. Lettre de Marguerite Duras au peintre Jeanick Ducot concernant la maison de son père à Pardaillan, en 1966.
6. Marguerite devant le domaine de Platier.

4

Premier voyage aux États-Unis

Lorsque *Le Ravissement de Lol V. Stein* fait son apparition dans la vitrine des libraires, à Paris et dans les principales villes de France, Marguerite est en route pour l'Amérique, Grove Press se préparant à sortir le livre dans la traduction qu'en a faite Richard Seaver. Depuis *The Sea Wall*, titre américain du *Barrage contre le Pacifique*, republié en 1956 en édition de poche sous celui, plus accrocheur, de « Chuchotements de l'amour » (*The Whispers of Love*), le nom de Marguerite Duras n'est pas inconnu des lecteurs curieux de littérature étrangère. Sa renommée littéraire, parallèlement à celle de Butor, Robbe-Grillet, Nathalie Sarraute et Claude Simon, n'a cessé de grandir depuis la publication par Grove Press du roman *Le Square* (1959), de *Moderato Cantabile* (1960), du scénario de *Hiroshima mon amour* (1961) et de *10:30*

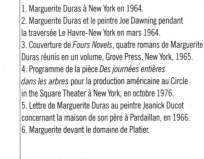

Marguerite Duras

FOUR NOVELS

The Square
Moderato Cantabile
10:30 on a Summer Night
The Afternoon of Mr. Andesmas

INTRODUCTION BY GERMAINE BRÉE

3

on a Summer Night en 1962. Les tirages initiaux sont très modestes, mais l'intérêt pour son œuvre s'affirme nettement, particulièrement en milieu universitaire. Son séjour a reçu l'appui de la direction générale des Relations culturelles du ministère des Affaires étrangères, soucieuse de faire connaître aux Américains la littérature française de l'après-guerre, sur la lancée du succès de Sartre et Camus dont *La Nausée* et *L'Étranger* sont au programme de nombreux lycées. La « nouvelle romancière » explore New York avec enthousiasme, achète des quantités de cadeaux qu'elle expédie à son fils, est reçue officiellement à Chicago et à la Nouvelle-Orléans, pousse, en chemin de fer, jusqu'à San Francisco et une partie de la Californie. Au printemps, elle est de retour à Paris pour cueillir les lauriers de *Lol V. Stein*. Ceux qu'elle aurait pu trouver dans le jardin de son père en pays de Duras (elle y fait une visite éclair en 1965) sont cueillis depuis longtemps. Les broussailles de Platier entourant la maison dévastée par un incendie sont le seul décor possible pour l'ultime photo du retour au domaine de son enfance.

Paris 6 10/10/64

PS: le parc m'a pas decus ledans il me semble ! C'est mois grand que Neauphle.

Mon Jarrick,

Votre lettre m'a fait plaisir. Vous avez raison de peindre - et de faire ce qui vous plait. Bravo.

Pour la maison, c'est trop d'argent - pour moi - (et même j'hésite ça n'a pas une ruine) je viens d'acheter un appartement à mon fils et je n'ai pas fini. alors tant pis pour de vous en étés occupé.

Mes très amitiés.

écrit
DURAS

Le rêve cubain et les espoirs de Mai 68

En 1967, rentrant du festival de Cannes où elle a vu le film de Glauber Rocha *Terre en transe*, Marguerite Duras se prend à rêver d'un cinéma révolutionnaire. Elle veut « être à flots avec son temps », écrit-elle à son ami Joseph Losey, auquel elle propose de faire un film à Cuba sur « le moment actuel de l'Amérique latine, moment sublime de courage et de vérité », à partir des textes de Che Guevara. Losey, trop occupé, décline la proposition. Mais, profitant de l'invitation de Fidel Castro, Marguerite se rend tout de même à Cuba au mois de juillet suivant avec Michel Leiris, Alain Jouffroy, Maurice Nadeau et un groupe d'intellectuels parisiens. Le mirage cubain habitera pour un temps son imagination, même si le rêve d'un communisme à visage humain qu'elle avait cru apercevoir ne lui apportera, en fin de compte, qu'une désillusion de plus. Mais voici que se présente à Paris, en mai 1968, un nouveau motif d'espoir. Dès les premières escarmouches au Quartier latin, elle descend dans la rue et se mêle crânement aux manifestants. Après l'occupation de la Sorbonne par les étudiants, avec ses amis Maurice Blanchot, Jean Schuster, Robert Antelme et Dionys Mascolo, elle participe à la constitution du Comité d'action étudiants-écrivains qui, durant tout l'été, rédige des résolutions, moud des textes, échafaude des plans pour une société différente... L'été passé, toute cette exaltation retombe et elle ressent tout à coup un grand vide. L'entrée des chars russes à Prague le 21 août 1968 la plonge dans un pessimisme profond. « Nous sommes au début du passage », prophétise-t-elle dans un des manifestes du Comité étudiants-écrivains. La sortie, pour elle, sera, comme toujours, un nouveau texte, cryptique et fascinant, un roman écrit en douze jours au début de 1969 : *Détruire, dit-elle*. On peut y voir, avec *Abahn, Sabana, David* (alias *Les Chiens de Prague*), publié l'année suivante, sa réponse au doute et son engagement pour un combat singulier, celui qu'elle livre avec l'écriture.

1

2

5

MARGUERITE DURAS

DÉTRUIRE
DIT-ELLE

☆m

LES ÉDITIONS DE MINUIT

3

On m'appelle Mademoiselle de Passy
J'ai la cervelle Tri co lore....
~~XXXX~~ Une Bentley pour les grands défilés
~~Un professeur d'anglais~~

Un fiancé d'Polytechnique
m'dépuceler et me
Pour me marier

On m'appelle Mademoiselle de Paris
J'suis l'phénomène de la famille
J'ai des idées sur le monde ouvrier
~~Je m'intéresse~~ J'ai pas les idées d'mon papa.
Je l'interesse à ce qui n'va pas

On m'appelle Mademoiselle de Passy
J'suis progressiste et j'le proclame...
J'donne au Viet Nam et au Biafra
J'veux rien savoir des différences
Entre les peuples qu'ont pas eu d'chance

4

Le comité d'action étudiants-écrivains souhaite avertir ~~tout~~ les hommes
libres de ce pays et des autres pays qu'en interdisant la revue tricontinental
revue purement idéologique qui du reste ne traite d'aucune question spécifi-
quement française, mais des problèmes concernant l'Amérique, l'Asie et l'Afrique, le régime gaulliste ~~vient de~~ fai~~t~~ un nouveau pas dans la répression.
C'est désormais la liberté de réflexion politique, la liberté de parole et
d'écriture qui est directement et manifestement visée.

Et en voici la preuve: pour essayer de justifier l'interdiction, le ministère de l'intérieur ouvre "une information pour provocation, non suivie
d'effet, aux crimes d'incendies volontaires, d'homicides volontaires et
d'attentats par explosifs". Relisons bien cette proposition de délit. Elle
est telle qu'elle doit rendre impossible la publication ou nécessaire la
destruction de tout texte de critique radicale, à commencer par les oeuvres
de Marx, Bakounine, Lénine, Trotsky, Mao-Tse-Toung et, à plus forte raison,
les textes ou discours de Fidel Castro, Guevara, Fanon (et c'est précisément
un texte de Guevara qui fournit, semble-t-il, un prétexte à l'interdiction).
Que dit le Manifeste de Marx: "Les communistes déclarent ouvertement que
leurs fins ~~ne~~ x ne sauraient être atteintes sans le renversement VIOLENT
de tout l'ordre social." Texte évidemment intolérable, puisqu'il propose la
violence comme principal moyen de libération et comme seule réplique à l'immense force oppressive de la société établie. Et, de même, les mots "lutte
de classes", "guerre de classes", "guerilla", s'ils sont pris comme il faut
au sérieux, doivent vouer les trois-quarts de~~s~~ ~~nos~~ bibliothèques à l'incendie
pénale.

Sur le régime gaulliste, nous n'avons jamais eu et à aucun moment
d'illusion. Nous savons que ce qu'il appelle loi, c'est son arbitraire propre
et ce qu'il appelle ordre public, c'est le monopole qu'il entend garder de
toutes les formes de violence dont il a besoin pour assurer sa survie, que
cette violence soit ouverte ou qu'elle soit camouflée. Nous savons que,
lorsqu'il envoie x la police chez les imprimeurs pour les intimider et les
détourner de publier les bulletins d'opposition, c'est naturellement pour
faciliter la manifestation des opinions libres, et nous savons que, lorsque

sont poursuivis, arrêtés, matraqués ceux qui diffusent ces bulletins, journaux ou revues d'opposition, c'est par grand souci de la liberté idéologique.
Nous savons tout cela, mais il y a, en France et hors de France, peut-être
encore des hommes qu'abusent la prétention au libéralisme et le langage
pompeux des gens en place. Nous leur disons: CE RÉGIME EST PRÊT A TOUT POUR
SE DÉFENDRE. Le capitalisme n'aime pas révéler son vrai visage. Mais lorsqu'il se sent en danger, il devient féroce. Aujourd'hui, la diffusion des
tracts est empêchée, comme est interdite la publication de certaines
revues. Demain, c'est le pouvoir de grève qui sera réprimé ou supprimé, car,
puisque, selon l'ordre de de Gaulle, il est interdit de scandaliser les gens
sensés, l'on décrètera qu'est parfaitement scandaleuse cette liberté que
les travailleurs ont conquise comme leur première droit de cesser leur
travail et, donc, de gêner les patrons, diminuer les surprofits, mettre en
péril le franc capitaliste, en d'autres termes de précipiter la lutte
civile et, par elle, la chute du régime.

Tout se tient. L'obscur vendeur de journaux que la police poursuit
en le menaçant de mort (cela s'est entendu récemment), parce qu'il distribue
paisiblement des tracts à un carrefour, est aussi l'ouvrier qu'on licencie
ou qu'on brime parce qu'il déplaît politiquement au patron et, aussi bien,
l'intellectuel dont on limite le droit d'expression ou l'enseignant qu'on
rappelle à l'ordre parce que son objectivité n'est pas celle du gouvernement. La tâche essentielle est ~~donc~~ désormais: mettre en commun nos forces,
nos droits, nos exigences. L'adversaire est le même, l'objectif est le même.
Il faut donc que la stratégie de lutte soit aussi commune, élaborée,
appliquée et poursuivie EN COMMUN.

le 3-12-68

6

Le théâtre de Marguerite

On pourrait, en simplifiant un peu les choses, dire que Marguerite Duras est « tombée » par hasard dans le théâtre. En 1956, le metteur en scène Claude Martin lui suggère d'adapter pour lui *Le Square*, le roman qu'elle a publié chez Gallimard l'année précédente. Chose facile, car le roman en question consiste en un long dialogue entre deux personnages : une bonne à tout faire et un voyageur de commerce devisant dans un jardin public. Les deux personnages, au début, ne se connaissent pas. Nous ne les connaissons pas davantage. Ils ne se connaîtront pas beaucoup plus à la fin de cette rencontre fortuite, mais, en revanche, nous en saurons assez sur eux pour ne plus les oublier. *Le Square*, créé au Studio des Champs-Élysées au début de la saison 1956-1957, deviendra au cours des années l'une des pièces les plus jouées de son auteur. Les articles de presse qui accompagnent la création sont révélateurs : « Une pièce involontaire », titre *L'Express* du 14 septembre 1956 ; « Un roman de Marguerite Duras conçu comme une pièce », lui répond *Franc-Tireur* le même jour. Elle-même confie à *L'Information* le 15 septembre : « J'ai écrit une pièce de théâtre sans le savoir », tandis que *Demain*, publiant l'interview qu'elle a accordée pour la circonstance, titre : « Du théâtre malgré moi ». En fait, Marguerite Duras était prédestinée à écrire pour le théâtre, tant son sens du dialogue est évident dès la parution du *Barrage contre le Pacifique* — lequel ne manquera pas d'être à son tour adapté pour la scène un peu plus tard par Geneviève Serreau, avec la complicité de la romancière. Ajoutons à cela une rencontre miraculeuse, celle d'une des plus grandes actrices du siècle, la sublime Madeleine Renaud qui ne créera pas moins de quatre pièces majeures écrites tout exprès pour elle. Elle deviendra une de ses meilleures amies et portera à son plus haut point de perfection la petite musique durassienne, cette *Musica*, titre d'une de ses pièces les plus attachantes, qui, paradoxalement pour un art qui doit presque tout à la parole, est le plus souvent chez Marguerite Duras une musique intérieure.

1. Programme de la pièce *Des journées entières dans les arbres* au théâtre Ambassador à New York en 1976.

PLAYBILL

AMBASSADOR THEATRE

1

1 Affiche des *Viaducs de la Seine-et-Oise* de Marguerite Duras, au Théâtre de poche Montparnasse.
2. Katharina Renn et Paul Crauchet dans *Les Viaducs de la Seine-et-Oise* de Marguerite Duras, au Théâtre de poche Montparnasse le 2 février 1963.
3. Ketty Albertini et R. J. Chauffard dans *Le Square* de Marguerite Duras au Studio des Champs-Élysées le 9 septembre 1956.
4. Affiche du *Square* de Marguerite Duras au Studio des Champs-Élysées, septembre 1956.
5. Claire Deluca, Marguerite Duras et Marie-Ange Dutheil en répétition pour *Le Shaga*, octobre 1968.
6. Affiche de *Miracle en Alabama* de William Gibson, texte français de Marguerite Duras et Gérard Jarlot, au théâtre Hébertot, septembre 1961.
7. Affiche de *Yes, peut-être* et du *Shaga*, octobre 1968.

Les feux de la rampe

Deux ans après la création du *Square*, Marguerite Duras écrit directement pour la scène *Les Viaducs de la Seine-et-Oise*. Éditée par Gallimard en 1959, la pièce est créée en 1962 à Marseille, puis à Paris l'année suivante dans une mise en scène de Claude Régy. Pour cette seconde incursion dans le théâtre, elle s'est inspirée directement d'un fait-divers qui avait défrayé la chronique quelques années auparavant et dont elle avait précieusement conservé la trace : dans un pavillon, quelque part aux environs de Paris, une femme a

75, Bd DU MONTPARNASSE. Métro : MONTPARNASSE
LOCATION au THÉÂTRE et par Téléphone de 11h30 à 20h. LIT. 92-97

SOIRÉE 21h (RELACHE MARDI)

THÉÂTRE DE POCHE MONTPARNASSE

DIRECTION DELMAS-BIERRY

LES VIADUCS DE LA SEINE ET OISE

DE

MARGUERITE DURAS

Mise en Scène de **CLAUDE REGY** Décors de Jacques **DUPONT**

KATHARINA RENN PAUL CRAUCHET
ETIENNE BIERRY MAURICE GARREL
VÉRONIQUE DUVAL STEPHANE FEY

1

2

R.J. CHAUFFARD
EDITH SCOB
JOUENT

LE SQUARE
de MARGUERITE DURAS

Mise en scène de JOSÉ QUAGLIO
Décor de ROGER HARTH
Musique de scène de GEORGES DELERUE
Réalisation sonore de FRED KIRILOFF

3

4

THÉÂTRE HÉBERTOT
78 me BOULEVARD DES BATIGNOLLES. METRO : VILLIERS, ROME. TEL. EUR .23-23
TOUS LES SOIRS à 21h (Sauf MARDIS) DIMANCHES et FÊTES MATINÉE A 15h

MIRACLE EN ALABAMA
DE
WILLIAM GIBSON
TEXTE FRANÇAIS
DE MARGUERITE DURAS ET GÉRARD JARLOT
MISE EN SCÈNE DE FRANÇOIS MAISTRE
Assistant : JEAN LARROQUETTE
Décor et Costumes de ROGER HARTH
Réalisation sonore de FRED KIRILOFF
AVEC, dans l'ordre d'entrée des personnages sur le Théâtre :

ROGER BERNARD   FRANÇOIS MAISTRE
CLAIRE VERSANE   CLAUDINE MAUGEY
GÉRARD LÉGITIMUS   CATHERINE LÉGITIMUS
MICHEL GONZALES   MARGUERITE DUCOURET
DANIEL EMILFORK   FRANÇOISE SPIRA
JOELLE MAUGEY   AGNÈS LUPOVICI
DOMINIQUE LANGE   MARTINE PELLEGRIN
JULIETTE JUST   SERGE BOUILLON

6

— sans qu'on n'ait jamais pu savoir ce qui l'a poussée à cela — tué son mari et dépecé son corps. Elle a ensuite jeté les morceaux un à un dans des trains passant à proximité. Le journal *Combat* du 17 février 1963 publie une interview de l'auteur avec ce titre provocateur : « Marguerite Duras cherche la liberté dans le crime ». Cette liberté, elle l'a en effet trouvée en acceptant d'emblée de ne pas tenter d'explorer les motivations d'un acte de toute façon incompréhensible, mais d'en respecter le mystère. « Je cherche qui est cette femme », dira-t-elle simplement cinq ans plus tard, après avoir repris une enquête dont elle n'a nullement l'intention de trouver la solution.

Les Viaducs de la Seine-et-Oise donnent naissance à *L'Amante anglaise*, nouvelle pièce entièrement remaniée dont Madeleine Renaud fera une remarquable création en 1968, aux côtés de Michaël Lonsdale et de Claude Dauphin.

5

YES, PEUT-ÊTRE
LE SHAGA

mise en scène
marguerite duras
décors
tristan fabris
réalisation sonore
pierre bœswillwald
avec
CLAIRE DELUCA RENÉ EROUK
MARIE-ANGE DUTHEIL

Tous les soirs à 21h10. Matinée Dimanche à 15h10
RELACHE LUNDI

7

textes *Le triomphe* 2 *entier* 1

très beau.
A reprendre

(*Du*) *texte : Madeleine Renaud*

Je crois que dans la longue carrière de Madeleine RENAUD,
le triomphe de "Savannah Bay" est d'une nature différente
de ses autres triomphes. *Triomphe*

que

Cette pièce, je l'ai écrite pour elle et pour
elle seule et en raison de la connaissance que j'ai d'elle
et aussi de son génie. Elle m'avait dit : Fais-moi une pièce d'amour. Elle m'a fait plusieurs fois cette demande-là.
J'ai fini par faire ce qu'elle me demandait. Ce qui me dis-
tingue peut-être des autres en ce qui concerne Madeleine
RENAUD (qui a joué quatre de mes pièces) c'est que je sais
toujours d'avance ce qu'elle peut faire. Bien sûr elle peut *Tout*
tout faire, je veux dire par là : ce qu'elle peut faire dans
la passion et le bonheur. La façon dont Madeleine RENAUD m'a
parlé de son souhait très fort que je lui écrive une pièce
d'amour, cette façon-là m'a fait croire qu'elle pouvait, comme à vingt ans, tenir tête à n'importe quel rôle dans lequel *du moment*
la donnée majeure serait la passion des amants. Le résultat
dans Savannah Bay a dépassé toutes *mes* espérances. Madeleine
coïncide ici avec elle-même et ce que j'ai appelé "la splendeur de l'âge" joue chaque soir, à chaque mot.

(le plus)
souhaité
c'était que

Dans Savannah Bay je fais parler Madeleine RENAUD de désir
(de) et d'amour. Et son triomphe c'est justement de jouer Savannah Bay au plus près de sa vie à elle, de jouer avec sa mort,
avec la déroute de sa mémoire, de son existence. Et le miracle
c'est qu'au lieu d'opacifier la passion, ce désordre de l'âge
et de la mémoire rendent la passion à la tragédie.

C'est pourquoi le triomphe de Madeleine RENAUD dans Savannah
Bay, je ne peux pas le montrer dans une simple télévision.
Les émissions sur les pièces ne sont que très rarement des
films, il s'agit plutôt de relais de spectacles par la télévision, jamais de films. *et pour*

mais

…/… 1

Entre-temps, Jean-Marie Serreau a mis en scène au Studio des Champs-Élysées l'adaptation qu'a faite son épouse du *Barrage contre le Pacifique*.

Fruit de sa notoriété théâtrale naissante, Marguerite, que la revue anglaise *Theatre Arts* qualifie de « *leading French novelist-playwright* » (romancière-auteur dramatique en pointe), est sollicitée pour l'adaptation française de la pièce que Michael Redgrave a tirée de la nouvelle de Henry James, *Les Papiers d'Aspern* (elle signe cette adaptation avec Robert Antelme). Grand succès au théâtre des Mathurins en 1961, dans la mise en scène de Raymond Rouleau, suivi au théâtre Hébertot, la même année, par le triomphe de *Miracle en Alabama*, la pièce américaine de William Gibson, *The Miracle Worker*, qu'elle a adaptée avec Gérard Jarlot. À l'automne 1962, à l'Athénée, retour à Henry James avec l'adaptation française de *La Bête dans la jungle*, en collaboration avec James Lord, l'auteur de la pièce. La critique est excellente pour l'interprétation de Loleh Bellon et celle de Jean Leuvrais, lequel a également assuré la mise en scène. En 1963, la revue *Paris-Théâtre* lui consacre un « Spécial Marguerite Duras » dans lequel est publié le texte des *Viaducs*. Consécration suprême aux yeux du public parisien, à l'automne 1965, alors que paraît chez Gallimard le *Théâtre I* sous couverture NRF, Jean-Jacques Gautier, le redoutable critique dramatique du *Figaro*, qualifie *La Musica*, duo écrit à l'origine pour la télévision anglaise, de « petit chef-d'œuvre », allant même jusqu'à évoquer Tchekhov. Marguerite Duras, auteur dramatique, est lancée. Avec *Les Eaux et Forêts*, pièce en un acte créée au théâtre Mouffetard au printemps de la même année, elle flirte avec le « théâtre de l'absurde » dans lequel s'illustrent Beckett et Ionesco, tentative qu'elle renouvellera en 1968 avec plus ou moins de bonheur dans *Le Shaga* et *Yes, peut-être*.

1. Texte de Marguerite Duras consacré à Madeleine Renaud.
2. Madeleine Renaud et Marguerite Duras lors de la générale de *Des journées entières dans les arbres* au théâtre de France, le 3 décembre 1965.
3. Madeleine Renaud et Michaël Lonsdale dans *L'Amante anglaise* de Marguerite Duras. Tournée américaine de la pièce avec Le Tréteau de Paris en 1971.
4. Bulle Ogier et Madeleine Renaud dans *Des journées entières dans les arbres* de Marguerite Duras, théâtre d'Orsay à Paris, octobre 1973.
5. Critique de J.-J. Gautier pour *La Musica* et *Les Eaux et Forêts* de Marguerite Duras, octobre 1965.
6. Miou-Miou et Sami Frey dans *La Musica deuxième* au théâtre du Rond-Point, février-mars 1985.

LA CRITIQUE DE **JEAN-JACQUES GAUTIER**

AU STUDIO DES CHAMPS-ÉLYSÉES

LA MUSICA ✦ LES EAUX ET FORÊTS

DE MARGUERITE DURAS

« La musica » et « Les eaux et forêts »
vus par SENNEP

Par la vertu d'une jeune comédienne extraordinaire qui se nomme Claire Deluca. Elle est sûrement intelligente et d'une drôlerie irrésistible. Je n'emploie pas le mot au hasard et je pèse mes termes quand j'écris qu'elle vaut à elle seule le déplacement. Allez donc la découvrir à votre tour.

J'hésite d'autant moins à vous y engager que Claire Deluca joue aussi avec une très grande finesse et une remarquable sobriété dans l'autre pièce de Marguerite Duras, *La Musica*, que je tiens, moi, pour un petit chef-d'œuvre.

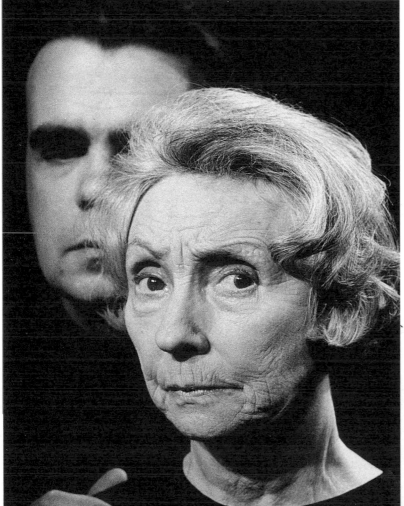

UBU REPERTORY THEATER PRESENTS

THE EDEN CINEMA

BY MARGUERITE DURAS

WITH

MARYLOUISE BURKE
RYAN CUTRONA
JOSH HAMILTON
CHING YEH
AND
BROOKE SHIELDS

DIRECTED BY FRANÇOISE KOURILSKY
MUSIC BY GENJI ITO

Écrire pour Madeleine Renaud

C'est en 1965 que débute ce que l'on pourrait appeler dans l'œuvre dramatique de Marguerite Duras le « cycle Madeleine Renaud ». À la demande de Jean-Louis Barrault, elle accepte d'adapter pour le théâtre de l'Odéon *Des journées entières dans les arbres*, la nouvelle qui a donné son titre au recueil publié en 1954. Marie Donnadieu repose quelque part au bord de la Loire (Marguerite prétendra jusqu'à la fin de sa vie ne pas se souvenir du lieu exact où se trouve la tombe de sa mère), il n'y a donc plus d'obstacle à lui rendre hommage en mettant en scène sa préférence pour le frère aîné. « La mère » revient des colonies où elle s'est enrichie (tiens, tiens !) pour revoir une dernière fois à Paris son fils bien-aimé devenu danseur mondain. Entre comédie de mœurs et partition déchirante, le miracle se produit, en grande partie grâce à l'interprète principale qui a su retrouver instinctivement « l'essence » du personnage, théâtre et réalité confondus. « Madeleine Renaud a du génie », proclamera avec raison l'auteur comblé, affirmation que le public, qui assurera un succès durable à la pièce (elle sera reprise de nombreuses fois), ne contredira pas. Lorsque, à la suite des événements de Mai 68, Jean-Louis Barrault et Madeleine Renaud perdent la direction de l'Odéon, la comédienne accepte avec bonheur d'entrer dans la peau d'une nouvelle héroïne durassienne, Claire Lannes, la meurtrière de *L'Amante anglaise* que Claude Régy met en scène à Chaillot, au Petit TNP. Le succès, cette fois encore, est considérable. Jean-Jacques Gautier, toujours lui, qualifie la pièce de « passionnante enquête » et salue « le personnage déchirant inventé par Marguerite Duras ». Robert Kanters dans *L'Express* se dit fasciné par « ce terrible jeu de la vérité que Marguerite Duras joue en grand écrivain ». Bertrand Poirot-Delpech, dans *Le Monde*, écrit que son art « est dans cette mise en évidence des limites et des richesses cachées de toute parole ».

1. Marguerite Duras pendant la répétition de *Navire Night* au théâtre Édouard VII à Paris, mars 1979.
2. Affichette pour la pièce de Marguerite Duras *The Eden Cinema* au Harold Clurman Theatre à New York, mars 1986.
3. Madeleine Renaud et Axel Bogouslavsky dans *L'Éden Cinéma* de Marguerite Duras, mise en scène par Claude Régy, théâtre d'Orsay à Paris, octobre 1977.

Pour Christian Mégret dans *Carrefour*, « la puissance du verbe est ici si forte que deux heures durant, pas un spectateur ne bouge ». Tout est dit. Le miracle se reproduit en 1977 et en 1983, avec la création par Madeleine Renaud de deux nouvelles pièces écrites pour elle : *L'Éden Cinéma*, adaptation du *Barrage contre le Pacifique* par l'auteur elle-même, que la première tentative n'avait pas convaincue, ainsi que *Savannah Bay*, une histoire d'amour rappelée des limbes du passé par une mémoire en lambeaux, celle d'une grande actrice. Lorsque Marguerite Duras lui montre le texte de *L'Éden Cinéma*, la grande actrice en question rechigne un peu à s'introduire à nouveau dans le personnage de la mère. Cette fois, les mésaventures vécues dans la concession du Cambodge sont évoquées, en termes d'ailleurs très allusifs,

1

COMPAGNIE RENAUD·BARRAULT			Théâtre du Rond-Point	Septembre 83	G. Salle	
Lundi 19	**Mardi 20**	**Mercredi 21**	**Jeudi 22**	**Vendredi 23**	**Samedi 24**	**Dimanche**
Entre 10ʰ et 11ʰ Livraison Decor. "Savanah Bay" Montage	9ʰ-13ʰ Continuation Montage	9ʰ-13ʰ (Livraison Suite) et Montage	9ʰ-13ʰ Travail Technique Machinerie	9ʰ-13ʰ Travail Technique Machinerie	9ʰ-13 Travail Technique Machinerie	25 Horaires Travail ou Repet a Definir Selon Avancement
	11ʰ P.Salle Enregistrement Pour "Affaires"		Mit 11ʰ30 Photo P Dux Sur Rideau Rouge			
14ʰ-18ʰ Continuation Montage	14ʰ-18ʰ Repet Savanah.	14ʰ-18ʰ Repet Savanah	14ʰ-18ʰ Repet. Savanah.	14ʰ-18ʰ Repet Savanah.	14ʰ-18ʰ Repet Savanah.	
Mit Tous Les Jours Repet. "Les Affaires" 14ʰ-18ʰ30						
18ʰ-20ʰ Repet Savanah	Soir Eclairages	Soir Eclairages	Soir Eclairages	Soir Eclairages	Soir Eclairages	
5ʰ Contaz Ba en la						

2

par d'autres membres de la famille, sans qu'elle ait à intervenir jusqu'à la fin de la pièce. Sa présence sur scène doit suffire ! Madeleine Renaud ne regrettera pas de s'être laissée convaincre. *L'Éden Cinéma*, créée le 27 octobre 1977 dans le nouveau théâtre que Jean-Louis Barrault a aménagé dans la gare d'Orsay, est un nouveau triomphe. Six ans plus tard, Marguerite Duras, qui a depuis longtemps gagné ses galons d'auteur dramatique, décide de passer à la mise en scène en dirigeant Madeleine Renaud et Bulle Ogier dans *Savannah Bay*. Un film de télévision réalisé par Michèle Porte a conservé pour la postérité cette extraordinaire expérience. Quant à la pièce, les éloges de la presse lors de la première au théâtre du Rond-Point en septembre 1983, sont suffisamment éloquents : « Une parenthèse d'amour fou comme il n'en

existe jamais » (*Télérama*), « Une variation poignante sur l'amour maternel » (*Libération*), « Un rêve de théâtre » (*Le Monde*), « Deux magnifiques comédiennes » (*Le Nouvel Observateur*). Vingt ans plus tard, *Savannah Bay* vaudra à Marguerite Duras d'entrer au répertoire de la Comédie française à titre posthume.

1. Bulle Ogier et Madeleine Renaud dans *Savannah Bay* de Marguerite Duras, théâtre du Rond-Point, 1983.
2. Planning de la compagnie Renaud-Barrault pour les répétitions de *Savannah Bay* au théâtre du Rond-Point à Paris, septembre 1983.
3. Croquis de Marguerite Duras pour sa mise en scène de *Savannah Bay* au théâtre du Rond-Point à Paris en septembre 1983.
4. Paroles de la chanson d'Édith Piaf *Les Mots d'amour* (Michel Rivegauche et Charles Dumont), recopiées par Marguerite Duras pour sa mise en scène de *Savannah Bay*.

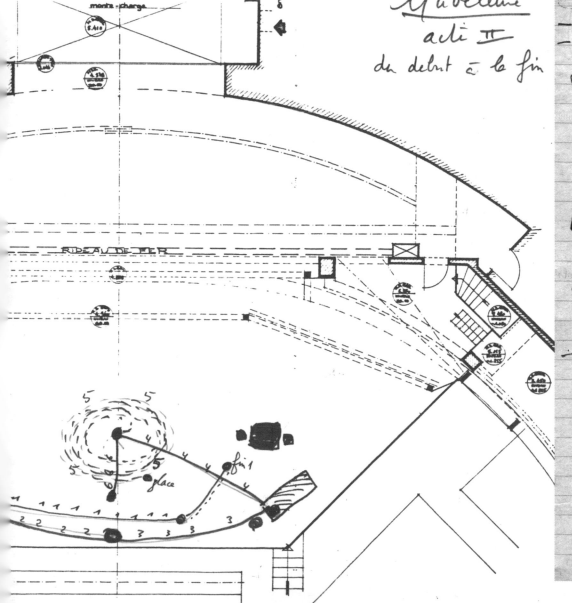

Le cinéma selon Duras

« Je n'ai pas d'idée générale sur le cinéma. Je ne puis vous parler que de mon cinéma. »

« Marguerite Duras n'est pas un écrivain qui d'autre part fait des films », écrivait avec raison Dionys Mascolo en 1976 après le succès d'*India Song*. « Elle n'est pas non plus un écrivain qui adapte ses livres pour les réduire en films. En une démarche tout à fait singulière, elle a commencé par écrire en quelque sorte certains de ses livres par les moyens du film. Mais en les ré-écrivant ainsi, elle s'engageait dans une opération qui, bien moins qu'à les parfaire, revenait à les mettre en question : à tenter de les épuiser, comme si elle exigeait d'eux un impossible achèvement [...]. Il ne s'agissait pas d'en faire dire plus au film, mais bien d'en tirer ce que, comme livre, il ne pouvait pas dire. » Ce discours de la méthode, Marguerite Duras elle-même aurait pu le formuler. « Mettre en question » ses propres écrits par le moyen de la caméra revenait en fait, elle s'en aperçut très vite, à remettre en question le cinéma tel qu'on le pratiquait autour d'elle. Au départ, elle ne s'en est pas cachée, il y eut pour elle l'insatisfaction engendrée par le résultat des premières adaptations de ses romans. Ni ce qu'avaient fait René Clément du *Barrage contre le Pacifique*, Peter Brook de *Moderato Cantabile*, et encore moins les films tirés par Tony Richardson et Jules Dassin du *Marin de Gibraltar* et de *Dix heures et demie du soir en été*, ne lui avaient paru refléter ce qu'elle avait tenté de transmettre de son univers en écrivant ces œuvres. Au regard de ce qu'avait su réaliser Alain Resnais avec le scénario d'*Hiroshima mon amour*, tout lui semblait affadissement ou dérive du côté de l'anecdote ou du pittoresque. Dès 1967, après la sortie commerciale de sa première tentative derrière une caméra, elle déclarait dans une interview : « Je ne veux plus que mes livres servent de tremplin à des films qui n'auraient rien à voir avec eux. » Encore fallait-il trouver les moyens d'aborder une profession qui, malgré les assauts que lui livraient les jeunes Turcs de la Nouvelle Vague, demeurait, pour des raisons corporatives, chasse gardée. La porte, pour Marguerite Duras, venait tout juste de s'entrebâiller.

1. Marguerite Duras aux commandes pendant le tournage du film *Le Camion*, en 1977.

1

Premier essai et passage à l'acte

L'occasion de veiller elle-même à la mise en scène d'une de ses œuvres s'est en effet présentée en 1966, un an après la création sur scène de *La Musica*. Elle décide de porter à l'écran cette sonate à deux voix entre un homme et une femme se retrouvant soudain face à face dans la ville de province où leur divorce vient d'être prononcé. La production (United Artists) n'a pas lésiné sur les moyens.

En échange, pour ce premier essai, Marguerite Duras a été « chapeautée » par Paul Sebban, un réalisateur de l'ORTF. Le résultat, sans avoir la rigueur formelle d'autres tentatives futures, reste à la hauteur de la beauté déchirante du texte. La coréalisatrice, de son propre aveu, s'est « surtout occupée de la mise en scène des comédiens ». Delphine Seyrig (déjà elle) et Robert Hossein y font une création d'une remarquable intensité. Mais le vrai passage à l'acte

viendra au printemps de 1969, avec le tournage de *Détruire, dit-elle*, un scénario que Marguerite Duras traînait avec elle depuis deux ans et que, au finish, elle décide de mettre en scène elle-même. Le sujet, comme le propos, est elliptique : dans le lieu clos d'un hôtel en lisière de forêt, s'engage un jeu de séduction, ponctué par le bruit incessant des balles de tennis, entre trois personnages énigmatiques épiant le repos d'une femme dont la passivité risque d'être mise en péril.

Détruire, dit-elle, tout comme le texte publié entre-temps aux éditions de Minuit, séduit par son opacité même. Sa facture est magistrale ; les solutions trouvées pour garder aux échanges entre les personnages leur tension et en accentuer le caractère corrosif s'imposent, jusqu'au coup de tonnerre final, comme un langage d'une surprenante sophistication. Le cinéma d'avant-garde ou « cinéma différent » (le terme qu'elle préfère) compte désormais un nom de plus.

1. Delphine Seyrig et Robert Hossein pendant le tournage
du film *La Musica*, 1966.
2. Dionys Mascolo, Catherine Sellers et Sami Frey
dans *Jaune le soleil*, 1971.
3. Michaël Lonsdale, Nicole Hiss et Henri Garcin
dans le film *Détruire, dit-elle*, 1969.
4. Dessin de Marguerite Duras pour sa mise en scène
de *Détruire, dit-elle*.
5. Catherine Sellers dans le film *Détruire, dit-elle*.

1

Plan fixe de trente secondes sur un parc
vu à travers une porte-fenêtre. Jour d'hiver.
Le parc est vide. Terrasse de pierres blanches.
Meubles d'été entassés sous un arbres.

Le plan fixe devient panoramique lent. A travers
la porte fenêtre, le parc est fouillé comme par un
regard.

Quelqu'un regarde donc le parc tandis qu'un
déjeuner a lieu, quotidien (du côté de la vitre
où se trouve la camera). Le panomamique sur
la parc décrit cette distraction.

Inutile de montrer le déjeuner, il n'est pas
la sujet du film. C'est, au contraire, cette abs-
cence à ce déjeuner qui nous conduit à son sujet
véritable.

Propos d'abord quotidiens.

Voix de petites filles

Entre les propos, silences.

Voix des petites filles très
différentes: *l'une est claire, son
débit est facile, l'autre est plus
lente, son débit est heurté.*

Quand on parle à Nathalie la voix
est plus lente, comme prudente.

Gentillesse de la 2ᵉᵐ voix d'enfant.

Avec l'évocation de la maison de Maria
un <u>Ier thème</u> du film est abordé.

Bruits d'assiettes, de
verres, etc...
Propos quotidiens lais-
lés à l'improvisation.
Les bruits de la route,
lointains.
La radio marche mais faible-
ment: on ne comprend pas.

exemple de propos:

1ᵉᵐ <u>Voix enfant</u>: Je prendrai une
orange...

2ᵉᵐ <u>Voix autre enfant</u>: Moi je veux
une pomme, mais la moitié...

etc...

2ᵉᵐ<u>Voix enfant</u>: C'est ce soir la leçon de
piano.

<u>Voix femme</u>: Maria ira vous prendre
directement à l'école

<u>Voix homme</u>: Où en êtes vous ?

2ᵉᵐ<u>Voix enfant</u>: On joue la valse, là,
tu sais... de Czerny.

<u>Voix homme</u> (temps): Toi aussi Natha-
lie tu joues cette valse ?

1ᵉᵐ <u>Voix enfant</u>: (temps) Oui... mais...

2ᵉᵐ<u>Voix enfant</u>: Oui oui elle la joue
aussi.

silence

<u>Voix homme</u>: Au fait,tu es allée à la
mairie avec Maria ?

<u>Voix femme</u>: J'y vais tout à l'heure.

2ᵉᵐ<u>Voix enfant</u>: Elle a plus de maison
Maria, elle nous l'a dit...

Le cinéma de la contestation

Détruire, dit-elle est comme l'écho sublimé des questionnements de Mai 68 (le titre, qui était au départ « La chaise longue » devient pour quelques semaines « La destruction capitale »). Présenté en avant-première aux festivals de Londres et de New York en présence de la réalisatrice, il crée l'événement et connaîtra aux États-Unis une flatteuse carrière dans les circuits universitaires. Au cours des années 1970, tout en continuant à puiser l'inspiration dans sa propre fiction romanesque (c'est l'époque de *La Femme du Gange* et d'*India Song*), Marguerite Duras radicalise à sa manière les arrière-plans politiques d'une œuvre cinématographique à laquelle elle consacre, pendant toute cette décennie, le plus clair de son énergie créatrice. Contestation de la vulgate du Parti communiste dans *Jaune le soleil*, réalisé en 1971 ; contestation, en 1977, de tout optimisme en ce qui concerne l'avenir de la révolution dans *Le Camion* ; contestation de la famille bourgeoise et de l'enseignement traditionnel dans *Nathalie Granger* et *Les Enfants*... Un lien unit ces films par ailleurs très différents les uns des autres, à savoir le refus des conventions du cinéma commercial et de ses procédés narratifs. Peu à peu s'élabore ce que l'on pourrait appeler « le cinéma selon Marguerite Duras », comme ses cousins lointains, le cinéma selon Robert Bresson, Jean-Luc Godard ou Jean-Marie Straub, pour lesquels elle affiche plus que du respect. Si *Jaune le soleil*, une mise en scène du texte de *Abahn, Sabana, David*, souffre d'un trop grand didactisme malgré une image noir et blanc très expressive, il n'en va pas de même de *Nathalie Granger*, tourné comme le précédent dans la maison de Neauphle, en avril 1972.

2   3   4

N A T H A L I E

Durée: 1 H 15 à 1 H 20 environ.

Format : 35mm Noir et Blanc

DEVIS ESTIMATIF

- Réalisateur	20.000
- Equipe	70.000
- Interprètes	105.000
- Charges sociales	20.000
- Régie	25.000
- Materiel	15.000
- Pellicule et Laboratoire	55.000
- Montage et sonorisation	21.000
- Divers	20.000
- Imprévus	20.000
- Frais généraux	15.000
TOTAL	386.000,00

Le sujet de *Nathalie Granger*, filmé avec une équipe réduite à l'essentiel mais dans un très sensuel 35 mm noir et blanc, est des plus simples — limpide comme la brise printanière qui souffle sur le parc autour de la maison : deux femmes (Jeanne Moreau et Lucia Bose) qui vaquent aux occupations ménagères, la fille de l'une d'elles, Nathalie, huit ans, qui ne veut plus aller à l'école, un chat qui guette les oiseaux à travers une vitre, un représentant de commerce (Gérard Depardieu à ses débuts) qui essaie de placer une machine à laver, les échos de l'actualité sur un transistor... Rien et tout à la fois. La vie qui s'écoule. Sélectionné par la Mostra de Venise en septembre 1972, le film vaudra à Marguerite Duras de recevoir enfin sa carte professionnelle de réalisatrice. Sa cote monte dans les festivals, mais pas nécessairement auprès de ceux (les metteurs en scène sérieux) qui savent, eux, ce qu'est le cinéma. Marguerite n'en a cure. Elle récidive avec *Le Camion*, un

film qui va encore plus loin dans la négation de l'intrigue et de sa représentation. Elle décide de s'en passer au profit du récit fait par elle de ce qu'aurait pu être le film si... Habile faux-fuyant qui lui donne toute liberté, devant une caméra attentive et un Gérard Depardieu complice, de se livrer à une attaque en règle des conventions du cinéma réaliste, en particulier celles, fort prisées à l'époque, du cinéma-qui-se-penche-sur-le-travailleur-en-usine. « Ce n'est plus la peine de nous faire le cinéma de l'espoir socialiste. De l'espoir capitaliste [...] celui d'une justice à venir, sociale, fiscale ou autre [...] Que le cinéma aille à sa perte, c'est le seul cinéma. Que le monde aille à sa perte, c'est la seule politique. » Pessimisme assumé avec une belle assurance et une extraordinaire présence à l'écran, par un auteur en pleine possession de ses moyens. Sans doute *Le Camion* est-il son meilleur film avec *Les Enfants*, autre miracle d'impertinence.

1

M.D.: Ce serait une route au bord de la mer qui traverserait un immense plateau nu.

(Temps.)

~~C'est une route au bord de la mer, qui traverse un immense plateau nu.~~

Et puis c'est un camion qui vient et qui passe lentement à travers le paysage.

Il y a un ciel blanc, d'hiver.

Une brume légère, partout répandue sur les ~~terres,~~ ~~sur les terres~~ d'hiver

[Musique]

G.D.:

C'est un film?

M.D.:

C'aurait été un film.

(Temps.)

C'est un film, oui.

M.D.: Le camion disparaît. Réapparaît. On entendrait la mer, loin, très forte.

Au bord de la route une femme attend. Elle fait signe. On s'approche d'elle.

Elle est d'un certain âge. Habillée comme à la ville.

Aux alentours, aucune habitation. Elle porte une valise.

Elle monte dans le camion. Le camion repart.

On quitte le bord de la mer.

G.D.:

On se trouve dans quel paysage?

M.D.:

Indifférent. La Beauce, peut-être, vers Chartres. (temps) Ou bien dans les cités d'émigration des Yvelines.

(Temps.)

15-2-77 Camion   16-2-77

1ᵉ Bob — 9'56"   →   9'24"   1ᵉ B.
2ᵉ Bob — 9'31"   →   9'32"   2ᵉ
3ᵉ Bob. 8'56"   →   8'56.   3ᵉ
4ᵉ Bob. 9'29"   →   10' 57" 4ᵉ
5ᵉ Bob. 10'16"   →   10' 20" 5ᵉ
6ᵉ Bob. 9'1"
                  →   1ʰ6'12"
7ᵉ Bob. 9'20"
8ᵉ Bob. 7'31
                  →   1ʰ6'12"
                      7'31"
                      1ʰ13'43"

1. Plan du film *Le Camion*, 1977.
2. André Dussolier, Axel Bogousslavski, Daniel Gélin et Pierre Arditi dans le film *Les Enfants*, 1984.
3. Détail de la durée des bobines du *Camion*.
4. Marguerite Duras et Gérard Depardieu dans un plan du film *Le Camion*, 1977.
5. Scénario du *Camion*.

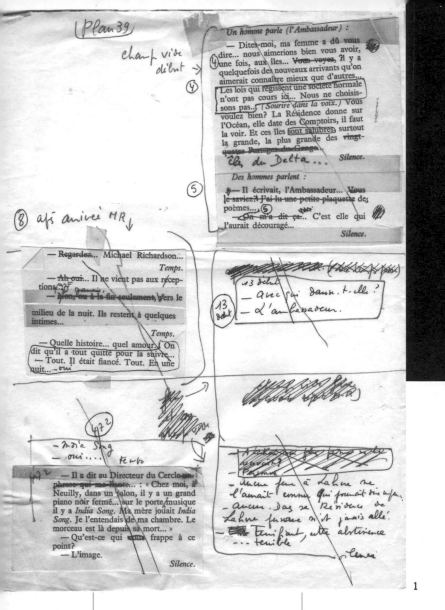

1

Le film des voix

Aucune théorie du cinéma dans tout cela, sinon les trouvailles, souvent inspirées, d'une réalisatrice qui refuse la facilité et doit composer avec l'extrême frugalité que lui impose sa soif d'indépendance. Ses budgets sont le plus souvent minuscules et ses démêlés avec ses producteurs, célèbres dans la profession. Qu'importe ! Son exigence vis-à-vis d'elle-même comme de ses acteurs et des chefs opérateurs qui accompagnent son parcours périlleux (Bruno Nuytten en particulier) ne se satisfait pas aisément. Avec, dans *La Femme du Gange*, l'insertion de « voix » dans la bande-son, voix indépendantes de l'action et extérieures à elle, Marguerite Duras gagne encore en liberté par rapport à la représentation du récit. Grâce à ce procédé, elle va peu

à peu atteindre ce qu'elle appellera le « dépeuplement de l'acteur », ce dernier ne participant plus à l'intelligence de l'histoire par le biais des dialogues, mais devenant une figure emblématique au milieu d'un tissu sonore complexe où la parole, noyée, « trouée », le cri, la mélopée, se mêlent à la musique utilisée comme composante intégrale du film. Si dans *La Femme du Gange*, réalisé à Trouville en 1972, l'amalgame est encore incertain et le procédé parfois plus irritant que convaincant, avec *India Song*, cette « histoire d'un amour vécu aux Indes dans les années 1930 » la magie opère pleinement. Le poème est perçu comme tel, même par les plus sceptiques, que le cri du Vice-consul de Lahore dans les salons d'Anne-Marie Stretter ne saurait laisser sourds très longtemps.

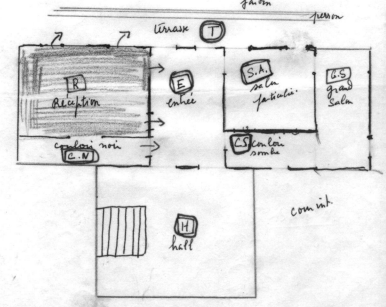

2

C'est pourtant ce qui arriva au comité de sélection du festival de Cannes, qui jugea prudent de programmer *India Song* hors compétition, dans la série parallèle « Les yeux fertiles » (!). Ce qui fit dire à un critique, Robert Chazal : « Cannes 1975 risque de rester le festival où *India Song* n'a pas reçu le prix que Marguerite Duras méritait d'évidence. »

1. Découpage du film par Marguerite Duras, à partir de *India Song, texte, théâtre, film*, Gallimard, 1973.
2. Notes et croquis pour le tournage d'*India Song* en 1975.
3. Delphine Seyrig, Michaël Lonsdale et Claude Mann dans la séquence de la réception à l'ambassade de France à Calcutta.
Double page suivante : Didier Flamand, Delphine Seyrig et Claude Mann dans *India Song*, 1975.

3

« *Anne-Marie Stretter – aujourd'hui morte – sa tombe est au cimetière de Calcutta.* »

1 et 5. *Césarée*, court-métrage, 1979
(statue de Maillol au jardin des Tuileries).
2 et 4. *Aurélia Steiner (Melbourne)*, court-métrage, 1979
(les eaux de la Seine).
3. *Son nom de Venise dans Calcutta désert*, 1976.
6. Page de brouillon dactylographié du texte de Marguerite
Duras pour le film de *L'Homme atlantique* (1981),
avec corrections manuscrites.

Le cinéma de la parole

Dans *India Song*, Marguerite Duras laisse planer un doute sur l'existence réelle de ses personnages. Anne-Marie Stretter (l'envoûtante Delphine Seyrig), le vice-consul, les invités au bal de l'ambassade de France à Calcutta, sont-ils morts ? Sont-ils vivants ? Avec *Son nom de Venise dans Calcutta désert*, filmé en 1976, le doute n'est plus possible. « Ici l'histoire est racontée à partir des lieux vidés par la mort », précise-t-elle. Plus d'acteurs. Elle plante sa caméra au bois de Boulogne en plein hiver, pour filmer « l'envers de la narration » en plaquant la bande-son d'*India Song* et son extraordinaire pouvoir d'évocation sur de superbes travellings le long des pièces délabrées d'un ancien palais abandonné. L'effet est saisissant. Ce film limite est présent à Cannes cette année-là dans la sélection de la Quinzaine des réalisateurs. La revue *Esprit* parle à son propos d'un « parcours d'essence métaphysique » et cite l'Ecclésiaste et Pascal. Jusqu'en 1981, date à laquelle elle cessera de filmer (avec l'heureuse parenthèse des *Enfants* en 1984), Marguerite Duras continue à explorer les possibilités de ce « cinéma de la parole » qui rend au texte sa primauté en ne l'utilisant plus pour expliciter l'image. L'expérience est réussie dans la série de courts-métrages réalisés à la fin des années 1970, *Césarée*, *Les Mains négatives,* et les deux *Aurélia Steiner*, évocation nervalienne de la petite Juive née du choc émotionnel provoqué en elle par l'obsession de la Shoah. Si, dans *Agatha et les lectures illimitées*, elle réintroduit l'acteur, c'est pour mieux le priver de parole et déboucher à la fin de *L'Homme atlantique* sur « le noir absolu » où seul règne le verbe, relais de l'écriture. « *L'Homme atlantique*, lit-on dans la revue *Cinéma 82*, est peut-être le premier film à vous faire regarder les images les yeux fermés […] Jamais, avant Marguerite Duras, on n'avait été porté corps et âme vers un au-delà impossible à qualifier. »

1970
1983

Le monde extérieur

Après l'expérience réussie du tournage de *Détruire, dit-elle* en 1969, la longue décennie qui suit voit Marguerite Duras abandonner la veine romanesque, si l'on excepte *L'Amour*, variation réduite à une épure sur le thème de Lol V. Stein, publié par la librairie Gallimard en 1971. Ce livre deviendra, l'année suivante, le scénario de *La Femme du Gange*. Pendant toute cette période, elle choisit d'exprimer à travers le film l'essentiel de ses préoccupations politiques, morales ou esthétiques, les trois domaines — elle insiste fréquemment sur ce point dans ses multiples entretiens — ne pouvant être dissociés. Le cinéma, travail en équipe, lui sert par ailleurs de prétexte pour rompre la solitude dans laquelle elle s'enferme une grande partie de l'année dans sa maison de Neauphle. Le temps des liaisons amoureuses semble révolu. Ce n'est pas encore l'âge de raison (elle fête ses soixante ans en 1974), mais l'amitié tend à prendre le pas sur la passion. Cependant, malgré son isolement, elle ne se retranche pas pour autant du monde extérieur, cet *Outside* qui donnera son titre au recueil d'articles de presse rassemblés en 1981 (il paraît chez Albin Michel et sera réédité par P.O.L. trois ans plus tard). Mais elle garde un certain recul par rapport aux événements, même si, entraînée par son entourage, elle s'implique encore directement au bénéfice de causes telles que celle des femmes ou encore celle des travailleurs. Ainsi participe-t-elle un jour de janvier 1970, en compagnie de Jean Genêt et de manifestants du groupe maoïste *Vive la révolution*, à l'occupation du siège du Comité national du patronat français, au cours d'une manifestation de protestation contre le sort fait aux immigrés africains. Le même jour, Jean-Paul Sartre exprime son soutien devant les caméras de télévision, pendant que Michel Leiris, qui a participé à l'occupation d'une ancienne fabrique de chocolat où des Maliens font la grève des loyers, termine sa journée au poste de police à la suite de l'intervention des CRS.

1. Marguerite Duras dans le hall des Roches-Noires à Trouville.

1

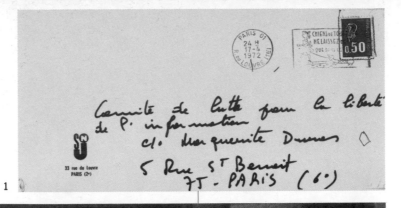

Les derniers feux du militantisme

Il n'est plus guère question à cette époque, pour Marguerite Duras, de changer le monde ou l'individu. Elle donne cependant son adhésion à l'Association des amis de *La Cause*

du peuple dont Leiris et Simone de Beauvoir sont présidents. Sartre a repris la direction de ce journal d'extrême gauche, ses fondateurs ayant été inculpés d'incitation à la violence. En mars 1972, avec Dionys Mascolo, elle rédige un nouveau manifeste intitulé « Sur la responsabilité du militant ». Ils s'en prennent au Parti communiste et à la CGT dont les dirigeants, selon eux, « ont pour tâche de neutraliser la classe ouvrière au profit de leurs intérêts ». Cette flambée d'indignation a été provoquée par la mort du jeune ouvrier Pierre Overney, abattu par les forces de l'ordre à Boulogne-Billancourt, devant les Usines Renault, au cours d'une manifestation que la CGT avait désavouée. Alors que d'Italie où il séjourne, Edgar Morin prend ses distances, les habituels signataires donnent leur accord et le manifeste est publié par *Le Monde* et *Le Nouvel Observateur*. Pierre Desgraupes, directeur d'antenne à l'ORTF accusé de faire l'embargo sur l'événement, reçoit une lettre de Marguerite Duras au nom du « Comité de lutte pour la liberté de l'information ». En 1975, nouvelle adhésion au « Mouvement pour le désarmement, la paix et la liberté » présidé par Claude Bourdet. Vaste programme dans le cadre duquel Marguerite apporte son soutien aux protestations contre la dictature du général Pinochet ainsi qu'à la campagne d'aide matérielle aux réfugiés chiliens. Au printemps 1981, ayant prévenu les électeurs dans un article des *Nouvelles littéraires*, paru pendant la campagne présidentielle, que « voter Giscard, c'est voter contre Lech Walesa », elle ne peut que se réjouir de l'arrivée de François Mitterrand à l'Élysée.

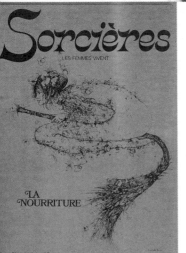

1. Courrier adressé au Comité de lutte pour la liberté de l'information, domicilié chez Marguerite Duras au 5 rue Saint-Benoît.
2. Marguerite Duras et Jean Genêt au balcon de l'immeuble du CNPF à Paris, lors de l'occupation des lieux par des manifestants d'extrême gauche.
3. La revue féministe *Sorcières*.
4. L'Affaire Bruay-en-Artois, août 1972.
5. Réponse de Pierre Desgraupes, directeur de l'Unité autonome d'information de la première chaîne de télévision (ORTF), à Marguerite Duras, le 26 avril 1972.
6. Enterrement de Pierre Overney, le 4 mars 1972.
7. Lettre d'Edgar Morin à Marguerite Duras.
8. « Sur la responsabilité du militant », manifeste rédigé par Marguerite Duras et Dionys Mascolo, mars 1972.

OFFICE DE RADIODIFFUSION-TELEVISION FRANÇAISE

INFORMATION PREMIÈRE

CTEUR

OB N°161

Paris, le 26 avril 1972

Madame Marguerite DURAS
5, rue Saint-Benoît - PARIS-6e

Madame,

J'ai lu avec beaucoup d'attention la lettre que vous m'avez
adressée le 13 avril dernier au nom du "Comité de lutte pour
la liberté de l'information". Je vous prie de bien vouloir
trouver ci-dessous les réponses aux questions que vous me posez.

Permettez-moi toutefois auparavant de vous rappeler que,
Directeur de l'Unité autonome d'Information de la première
chaîne de télévision, je ne puis répondre que pour les éditions
qui sont de mon ressort.

1°) Vous me demandez quand le service d'information de l'O.R.T.F.
"cessera d'écarter systématiquement les informations en provenance
de l'A.P.L.". Je pense que cette demande est le résultat d'une
mauvaise information de votre part. Non seulement, en effet,
je n'ai jamais écarté les informations de l'A.P.L., mais tous
ceux qui ont vu les journaux télévisés de la 1ère chaîne lors
des événements de Billancourt pourront témoigner :

a) que nous avons été les premiers et les seuls à diffuser
intégralement les photographies de l'A.P.L. relatives au meurtre
de Pierre OVERNEY;

b) que nous avons diffusé intégralement, dès qu'elle a été
mise à notre disposition (mais après qu'elle ait été offerte
en priorité à R.T.L. - ce dont, je crois, Maurice CLAVEL lui-
même s'est étonné), la conversation téléphonique enregistrée
entre Mme NOGRETTE et son mari.

D'une manière plus générale, je pense qu'INFORMATION PREMIÈRE
a couvert sans partialité aucune toutes les informations se
rapportant aux événements de Billancourt et à leurs suites,
entre le 25 février et le 29 mars 1972. C'est ainsi qu'on a pu
voir et entendre, entre autres, les interviews de plusieurs
militants maoïstes, la conférence de presse d'Alain GEISMAR,
la déclaration de Jean-Paul SARTRE à Billancourt, et le reportage
filmé important sur la manifestation gauchiste de Charonne, sans
parler bien entendu des obsèques de P. OVERNEY.

5

Orbetello 20 Mars 72

7

Ma chère Marguerite,j'ai reçu maintenant,ici,loin de
Paris,le texte que tu m'as envoyé avec Dionys,et que du reste
j'avais ,vu le retard de la lettre,deja lu dans le Monde.de toutes
façons je ne l'aurais pas signé parcequ'il comporte une erreur
à mes yeux ontologique,sociologique et politique sur la nature
du PC."e PC n'est pas pour moi un parti social-democratisé,parle-
mentarisé,devenu "complice" de la bourgeoisie.Sa strategie
phenomenale peut effectivement donnéer cette impression,mais cela
risque d'oublier sa structure générative:le PC est un parti stali-
nien,qui a conservé toute son "information" génétique dans son
principe d'organisation et son principe de rerpoduction.Au cas
où il occuperait le pouvoir,il reproduirait,non pas la société occ
dentale bourgeoise,mais la democratie populaire;il faut lui recon-
naitre franchement qu'il liquiderait la classe dominante (capitalis
te);mais il fait savoir aussi qu'il secreterait ineluctablement
une nouvelle classe dominante.Dans l'affaire qui nous occupe,le
                                 essentiellement
PC n'est pas complice de la police ou de la repression bourgeoise;
          commence,embryonnairement,mais
il de façon autonome,deja,son propre travail de repression
policiere qui est d'exterminer le gauchisme

                    Je t'embrasse
                         Edgar Edgar.

Tu verra ici par la mort de Feltrinelli.

6

Liste complétée à mesure de réponses   le 10 → signatures

Simone et Edmond Jaguer?   cette page 50 noms
Roger GALIZOT
Pierre Boujut   Sur la responsabilité du militant
Jean Michel Goutier
Jean Chesneaux   T.S.V.P →
Adrien Dax
Claude Courtot
Guglielmo ?

Nous le savons, le P.C.F. et la C.G.T. ont abandonné depuis longtemps
toute perspective de changement révolutionnaire, leurs dirigeants ont pour
seule tâche de neutraliser la classe ouvrière au profit de leurs intérêts
sûrement électoralistes et de la stratégie de grande puissance de l'U.R.S.S.
Mais nous estimons nécessaire de déclarer en outre, et en particulier à
l'adresse des membres de ces organisations, ce qui suit.

Quand les dirigeants du P.C.F. ne voient dans l'assassinat d'un militant ouvrier que l'occasion de calomnier le mouvement révolutionnaire
renaissant, dernier exemple en date d'une longue série de falsifications
meurtrières, de mensonges et de reniements, les membres du P.C.F. ne
peuvent plus se dissimuler qu'on les abuse et qu'on leur ment, ni chercher
à nouveau refuge et consolation dans la traditionnelle fidélité à leur
Parti. Il est grand temps de rompre avec la pernicieuse illusion selon
laquelle il n'y aurait entre dirigeants et dirigés qu'un rapport de cou-
pables à victimes, de mystificateurs à mystifiés. Le jour vient où les
dirigés qui s'obstinent à cautionner leurs dirigeants jusque dans leurs
pires démissions sont avec eux dans un rapport de complicité.

La véritable lutte contre le système de servitude capitaliste est
désormais inséparable de la lutte contre le P.C.F. dans son entreprise de
perversion de l'idée communiste. Cette lutte est menée aujourd'hui par
le mouvement issu de mai 68.

8 mars 72

Claude Régy
Maurice Henry
Jean Michel Fossey
Anne Capellen
Michèle Muller
Jehan Mayoux
Robert Paris
Yves Elléouët
Mariane Bourgeois
Jacques Bellefroy
J. P. Sartre
S. de Beauvoir
J. C. Silberman
René Schérer

Marc Devade
Louis CANE
José Pierre
J.g. Ferlin
Jean Davidson
Michel Boujut

G. R. Doumairon

Ce texte a déjà été approuvé par : André du Bouchet, François Chatelet,
Marguerite Duras, Louis-René des Forêts, Daniel Guérin, Georges Goldfayn,
Robert Lapoujade, Henri Lefebvre, Dionys Mascolo, Georges Michel,
Maurice Nadeau, Jean Schuster, Pierre Vidal-Naquet, Jules Celma,
Michel Leiris, Denis Roche, Philippe Sollers, Marcelin
Pleynet, Maurice Roche, Pierre Halet, Daniel Dezeuze.
Vous pouvez communiquer votre accord (et ceux de vos amis éventuellement)
aussi rapidement que possible à :
Marguerite Duras, 5 rue Saint-Benoît   LIT.71.31
ou
Dionys Mascolo, 1 rue de l'Université   BAB.45.65

Flirt avec le féminisme

En avril 1971, Marguerite Duras, ainsi que de nombreuses personnalités du monde des arts et des lettres, signe le Manifeste des 343, plus connu sous le nom de « Manifeste des 343 salopes », dans lequel des femmes s'accusent publiquement d'avoir eu recours à l'avortement et demandent l'abolition d'une loi de 1920 qui le criminalise ainsi que le libre accès à la pilule contraceptive. Son adhésion aux revendications du MLF est sincère. En 1976, elle donne à *Sorcières,* la revue féministe, plusieurs textes importants, parmi lesquels « Pas mort en déportation » (qu'elle ne signe pas), le récit de l'attente du retour des camps de Robert Antelme par lequel s'ouvrira en 1985 son livre *La Douleur*. Elle ne tarde pas cependant à prendre ses distances par rapport à une mouvance dans laquelle elle ne se sent pas à l'aise. Dès 1979, au cours d'une interview pour le numéro spécial des *Cahiers du cinéma* dont elle a reçu la charge, elle lance : « Le mouvement des femmes maintenant, c'est comme si elles tenaient à garder toujours la revendication, à toujours mettre la plainte et le procès des hommes de leur côté […] Je trouve cela déplaisant. » Déjà, en 1974, dans un livre d'entretiens à bâtons rompus publié sous le titre *Les Parleuses*, à Xavière Gauthier qui infléchit régulièrement la conversation vers le féminisme, son interlocutrice fait parfois des réponses évasives ou les recentre sur le plan plus cher à son cœur : la spécificité de l'écriture féminine. Ce qu'elle préfère avant tout, c'est parler des femmes qui peuplent son œuvre, des maisons, des paysages dans lesquels elles évoluent, de ses souvenirs de jeunesse… ce qu'elle fait avec infiniment de grâce dans *Les Lieux de Marguerite Duras*, entretiens télévisés avec Michelle Porte, publiés en 1977 par les éditions de Minuit.

1

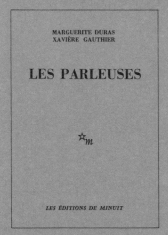

MARGUERITE DURAS
XAVIÈRE GAUTHIER

LES PARLEUSES

☆m

LES ÉDITIONS DE MINUIT

2

MARGUERITE DURAS
MICHELLE PORTE

**LES LIEUX
DE
MARGUERITE DURAS**

☆m

LES ÉDITIONS DE MINUIT

3

4

MARGUERITE DURAS

Agatha

☆
m

LES ÉDITIONS DE MINUIT

5

7

9

Je peux dire que ce livre est une des plus grandes lectures que j'aie jamais faites et que c'est un livre éminemment obscur, illisible et irrésistible, que la lecture en est une mystérieuse corvée, presque insurmontable pour la plus grande part des lecteurs, mais que, une fois cette corvée dépassée, tandis que la lecture se dépose, il s'élève d'elle un incomparable enchantement. Des chapitres mortels d'ennui vous laissent éblouis une fois dépassés.

8

1

2

Un jour, vous n'y prendrez pas garde, elle vous laissera seul. Vous vous ~~reviez~~ réveillerez, elle ne serait plus là. Elle ne reviendrait jamais. Le soir même vous raconteriez l'histoire pour vous en défaire comme s'il était possible d'y arriver. Le lendemain vous la chercheriez dans la ville mais vous ne pourriez pas la trouver parce que la lumière du jour vous ne la ~~reconnaitriez~~ reconnaîtriez pas ~~, vous connaitriez seulement son corps et pas son visage~~. Ainsi viveriez vous cet amour de la seule façon qu'il puisse se faire pour vous, en le perdant avant que d'être venu.

3

4

MARGUERITE DURAS

L'ÉTÉ 80

☆*m*

LES ÉDITIONS DE MINUIT

5

1 et 2. Marguerite Duras et Yann Andréa à Neauphle.
3. Page de brouillon de *La Maladie de la mort*, 1982.
4. Marguerite Duras avec son fils Jean et Yann Andréa, entre 1986 et 1989.
5. Couverture de *L'Été 80*, éditions de Minuit, 1980.
6. Marguerite Duras au balcon de son appartement aux Roches-Noires.

Retour à l'écriture

En 1980, de juillet à la mi-septembre, Marguerite commente l'actualité pour le journal *Libération*. Si l'accent est mis sur la portée politique des événements, le ton n'est plus celui de la militante de Mai 68. Qu'elle commente les Jeux olympiques de Moscou, l'afflux des pétrodollars au casino de Deauville, la répression en Iran, la famine en Ouganda ou la grève des chantiers navals à Gdansk, le ton, le style sont ceux d'un écrivain. Comme dans beaucoup de ses œuvres les plus achevées, elle fait la part belle aux notations météorologiques, au mouvement des nuages, à celui de la lumière sur la mer. Ces chroniques marquent en fait un véritable retour à l'écriture. Dès octobre, elles paraissent en recueil aux éditions de Minuit sous le titre *L'Été 80*. Le livre est dédié à Yann Andréa. Celui-ci, arrivé chez elle à Trouville en juillet, vient d'entrer dans sa vie. Elle a soixante-six ans, il en compte vingt-sept. Ami/amant, collaborateur, confident, secrétaire, chauffeur, infirmier... il sera le compagnon des seize années qui lui restent à vivre. Il s'établit entre eux une relation ambiguë, difficile, mais passionnée, qui sera magnifiée et sublimée par l'écriture. « Vous êtes le cas désespéré de mon dernier amour », dit-elle à *L'Homme atlantique*. Car Yann Andréa est entré tout naturellement dans son œuvre et n'en sortira guère pendant toute la période qui suit leur rencontre. Lui reproche-t-elle sa préférence pour les beaux jeunes gens, elle y trouve l'inspiration pour *La Maladie de la mort*, un de ses textes les plus denses. À peine le quitte-t-elle (si l'on peut dire) pour Robert Musil, dont la lecture l'incite à écrire *Agatha* (le récit « d'un amour qui ne se terminera jamais [...] qui est invivable, qui est maudit » entre un frère et une sœur), qu'elle s'empresse d'en faire un film dans lequel il apparaît aux côtés de Bulle Ogier.

6

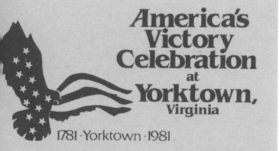

1

Lectures et voyages

Que lit-elle dans ces années-là ? Musil, déjà cité, Segalen, Blanchot, Bataille, les *Lettres à Sophie Volland* de Diderot (qui la ravissent), Proust et Stendhal, Racine, *La Princesse de Clèves* ou *Les Confessions* (Rousseau la déçoit un peu). Et toujours, la Bible. Elle voyage beaucoup à l'étranger, souvent pour présenter ses films dans les festivals. On la

2

voit fréquemment à Londres, Pesaro, New York, Taormina... sans compter les rencontres du jeune cinéma ou du « cinéma différent » à Hyères et à Digne. En 1971, en compagnie de Sonia Orwell, elle fait un voyage en Pologne où elle dépense des droits d'auteur qu'elle ne peut sortir d'un pays que Lech Walesa n'a pas encore libéré. En 1978, elle se rend en Israël pour des projections d'*India Song* et du *Camion*. Au cours d'une excursion, elle découvre le site de l'ancienne capitale de Bérénice, la reine de Galilée. Ces ruines chargées d'histoire lui inspirent le texte de *Césarée*, dont elle fait un court-métrage. Profitant d'une invitation à Téhéran, elle se fait conduire jusqu'à Persépolis. Revenant d'un voyage en Grèce, la visite du Parthénon et du musée d'Athènes à une certaine heure du jour lui revient en mémoire en écrivant *Le Navire Night*, un récit de 1979 autour duquel elle fait un film l'été suivant. Au Portugal, elle visite les grottes d'Altamira et admire les peintures magdaléniennes qui sont évoquées dans *Les Mains négatives*. Elle va deux fois à Montréal en 1981 avec Yann Andréa pour présenter *Le Camion*, *L'Homme atlantique* et *Agatha*. La même année, elle se rend aux États-Unis avec le président Mitterrand pour assister aux cérémonies du bicentenaire de la bataille de Yorktown. L'amie des jours de guerre est devenue un auteur connu et estimé dont les premiers livres, réédités en collection de poche, atteignent des tirages plus que respectables. Ce qui n'est encore rien au regard de ce qui va suivre.

1. Page d'agenda de Marguerite Duras : voyage en Israël, janvier 1978.
2. Brochure des célébrations de la victoire de Yorktown aux États-Unis en 1981, auxquelles a assisté Marguerite Duras.
3. Marguerite Duras au festival de cinéma de Taormina en Sicile, en juillet 1980.
4. Marguerite Duras à New York dans les années 1970.

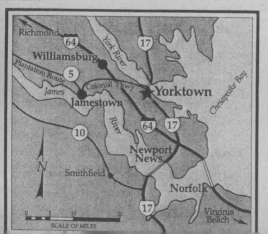

3

1984
1996

La gloire

Les douze dernières années de cette vie plus que jamais vouée à l'écriture vont être éclairées par une gloire aussi méritée que soudaine, bien qu'attristée en fin de parcours par les accidents de santé et la vieillesse. C'est pendant cette étape riche et contrastée que se construit, par l'entremise des médias, l'image souvent irritante que le grand public conservera du personnage de Marguerite Duras, aux dépens d'aspects plus secrets. Rançon inévitable du succès. Cet ultime chapitre de notre histoire commence par une année phare dans la carrière de l'écrivain. 1984 est aussi une année bien remplie qui donne le « la » pour celles qui vont suivre. Plus de vingt ans après la publication de son roman *Le Vice-Consul*, elle revient à cette forme qui l'a fait connaître pour écrire *L'Amant*, le livre qui va définitivement assurer sa renommée et emporter son nom aux quatre coins du monde, le cinéma aidant. Simultanément, reprenant un conte pour enfants, *Ah ! Ernesto*, paru en 1971 dans une belle édition illustrée, elle écrit un scénario en collaboration avec son fils et Jean-Marc Turine. Au printemps, elle tourne à Vitry-sur-Seine avec une joyeuse équipe de comédiens. Pour de simples questions de distribution, *Les Enfants*, délicieux pamphlet qui en résulte, ne connaîtra pas la carrière qu'il aurait pourtant méritée, tant l'euphorie que l'on ressent à sa vision est contagieuse. Qu'à cela ne tienne, elle est occupée à rassembler des textes anciens pour un recueil qui paraît l'année suivante sous le titre *La Douleur*. À l'automne, elle entreprend la réécriture de *La Musica* en vue d'une reprise de la pièce, et termine une nouvelle adaptation de *La Mouette* de Tchekhov. En janvier, elle met en scène une sélection de textes au théâtre du Rond-Point avec des acteurs de son choix. En mars, elle a trouvé le temps de se rendre à Genève pour des séances de signature, puis à Lausanne où est organisée, à la cinémathèque de la ville, une rétrospective de ses films. Qui arrêtera Marguerite ?

1. Marguerite Duras en 1984.

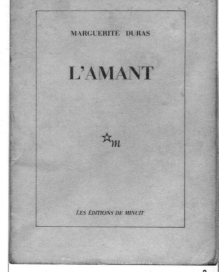

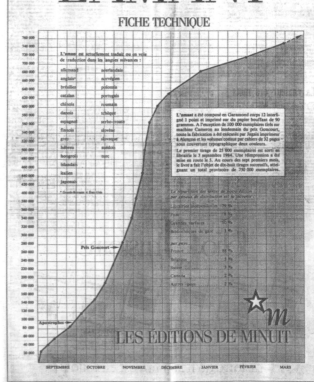

1.Thuy-Lé, l'ami de Marguerite Duras qui lui a inspiré
le personnage de l'amant chinois dans le roman écrit en 1984.
2 et 6. Pages de brouillon de *L'Amant*.
3. Couverture de *L'Amant* de Marguerite Duras,
éditions de Minuit, 1984.
4. Courbe des ventes de *L'Amant* de septembre à mars 1985,
publiée dans le journal *Le Monde* du 26 avril 1985.
5. Bras du Mékong à Chaudoc.
7. Annonce du prix Goncourt décerné à *L'Amant*,
12 novembre 1984.

Comme bien des gens je sais que si l'image même de ma vie avait
pu être faite, si elle pouvait existait en un dessin, une
peinture, une photographie, laquelle elle aurait été. Elle a sa
place dans le cours d'un évènement de mon existence. Et cet évènement, quant à moi, centre mon passage dans la vie, dans le monde
de la vie humaine. Je la vois comme indiquant un endroit
où ma vie possible où ma vie se serait, disons, arrêtée, où elle
aurait traversé une mort, mais minuscule après quoi elle se serait
étendue dans le futur du temps pour ensuite ne plus s'arrêter jamais jusqu'à ma véritable mort. Cette image centrale montre très
peu de moi. Elle n'est pas là pour montrer. Elle est là pour pro-
poser une direction vers laquelle je serais allée si toutefois j'
étais allée, telle dans un ciel de brouillard, celle
d'un gouffre migrateur. C'est une image qui bouge, qui dure.
Elle bouge de très peu, elle dure très peu, mais elle ne varie

jamais de nature. Et puis sans doute, un jour, est elle arrivée
au bout de tout mouvement du moment qu'elle se ferme, qu'elle s'
devient
pour toujours fixe immobile. MAIS PRÉSENTE toujours
comme au premier jour
C'est donc que c'était elle, la bonne image, celle qu'il fallait choisir ici. Dans le l'image
j'ai quinze ans et demi

L'image absolue

« Pour moi, la photographie absolue de ma vie n'a pas été photographiée. » C'est ce que constate l'auteur de *L'Amant*, ce roman qui ne devait être au départ qu'un ensemble de commentaires autour de photos de famille rassemblées par Jean Mascolo pour une publication en album.

Ouvrez la boîte, et toute votre jeunesse fait soudain irruption dans la maison. De signe en signe, de souvenir en souvenir, la constatation s'impose, l'image que l'on cherche n'existe pas ; elle n'a pas été prise. « Dans l'image, j'ai quinze ans et demi. » Elle n'existe pas, donc il faut l'inventer. Est-ce à ce moment-là que d'un certain cahier de souvenirs rédigé pendant la guerre ressurgit le personnage de « Léo », le riche ami chinois de Sadec dont elle avait commencé à raconter l'histoire ? Mieux vaut sans doute ne pas tenter de percer le mystère. Une soixantaine d'années plus tard, il devient l'amant délaissé de la jeune

Blanche rencontrée sur le bac au milieu du Mékong. Fiction et réalité se mêlent de façon indissociable dans ce livre présumé autobiographique, écrit d'une plume magistrale. Il n'y a pas de meilleure recette que les amours contrariées. L'accueil de la critique est très favorable et les ventes aux éditions de Minuit démarrent en flèche. *L'Amant* sort le 4 septembre avec un tirage de 25 000 exemplaires. Après le passage de l'auteur à *Apostrophes* le 28 septembre, 80 000 exemplaires sont enlevés. Le 12 novembre, le prix Goncourt est annoncé. Trois mois plus tard, selon *Le Monde* du 12 janvier 1985, le chiffre fabuleux de 630 000 exemplaires est atteint. Ce n'est qu'un début. Pour la première fois, on peut acheter un livre de Marguerite Duras dans les grandes surfaces. En 1990, interrogée à propos du tirage de *L'Amant* par *Le Magazine littéraire*, la fille de Marie Donnadieu, qui est devenue plus riche que sa mère n'aurait osé le rêver, répond : « En France, maintenant, ça doit faire deux millions. Et ça continue ! »

rontre un peu comment je me présente au monde, comment je vous regarde, avec quel air j'arrive pour me mettre à durer à mon tour .

Pour moi la photographie absolue de ma vie n'a pas été photographiée. Cette photographie-là c'est peut-être celle qui ne se prend pas, qui ne consacre rien de visible, de notaire. Elle n'existe pas. Elle aurait pu exister. Elle a été omise, elle a été oubliée d'être prise, d'être détachée, enlevée à la somme. C'est à son manque d'avoir été faite qu'elle doit cette vertu de représenter l'absolu, d'en être justement l'auteur .

Mémoires de guerre

Retour à l'autobiographie, authentique et poignante, avec *La Douleur*, suite des textes « retrouvés dans les armoires bleues de Neauphle » (les fameux « Cahiers de la guerre ») et confiés à Paul Otchakovsky-Laurens pour P.O.L., sa maison d'édition. Au récit de l'attente de Robert Antelme et de son retour des camps de la mort, s'ajoutent des épisodes vécus au moment de la Libération de Paris, la rencontre du gestapiste français, l'exécution d'un milicien, le tabassage d'un donneur..., le tout dans un style cursif, sobre, émouvant ; celui de Marguerite Duras dans ses meilleurs jours. Venant sur les talons du retentissant succès de *L'Amant*, la publication de ce livre qui devait s'appeler *La Guerre* (le titre de l'édition américaine) aiguise la curiosité et invite à l'aigreur. *La Douleur* provoque dans les milieux littéraires et la presse une querelle un peu vaine : peut-on vraiment parler de littérature, alors qu'il s'agirait de carnets que l'auteur a retrouvés par hasard ? D'ailleurs, les a-t-elle vraiment redécouverts par hasard ? Au cours de l'émission de télévision *Le Masque et la Plume*, on va jusqu'à l'accuser d'avoir triché. Elle s'indigne : « Il s'est trouvé quelqu'un dans *La Quinzaine littéraire* pour me reprocher de l'avoir écrit. » Il est vrai que, si ces carnets existent bel et bien, elle ne les avait sans doute pas complètement perdus de vue et qu'elle s'est livrée, indubitablement, à un travail de réécriture. Pouvait-il en être autrement ? Fallait-il que cet effort de mémoire soit livré comme un document brut ? Qu'importe. *La Douleur* est sans conteste l'un de ses livres les plus forts. La critique américaine ne s'y est pas trompée et *The War* a fait beaucoup pour gagner le cœur des lecteurs outre-Atlantique. En France seulement, dès 1990, le livre s'est vendu à près de 200 000 exemplaires. Traduit en dix-sept langues, il connaît également de forts tirages à l'étranger.

1 et 2. Pages d'un des « Cahiers de la guerre » de Marguerite Duras, d'où elle tirera l'épisode concernant le retour de Robert Antelme intitulé *Pas mort en déportation*.

Duras : la midinette métaphysique

LES YEUX BLEUS CHEVEUX NOIRS de Marguerite Duras. Ed. de Minuit, 49 F.

J'Al honte. C'est vrai, j'ai commencé à lire Duras très tard. Je me régalais plutôt de Nathalie Sarraute, pour prendre deux grands-mères géniales et comparables. Duras, non. Je boudais la dame. J'imaginais qu'elle se complaisait dans l'amphigouri de l'âme. Je me disais que Duras me barbait avec sa prose trouée de silences sidéraux et de chichis méningiteux.

Un jour de grande lâcheté, j'ai lu *L'Amant* comme tout le monde, avec les caissières de Monoprix et les minettes du métro. J'ai adoré. Puis j'ai tout lu. La fièvre. Toute la petite dame ingurgitée, toutes ses marottes, ses tics, son art ébouriffant. Il me fallut renier toutes mes tirades contre elle. Désarmé, fragile, je sirotais ses ritournelles anxieuses et contournées. Je m'asphyxiais de ses travers, de ses excès, de ses extases. Je devenais tordu, vicieux par ses phrases. En même temps j'éprouvais ce sentiment de bonheur exalté qui m'emporte quand je lis un véritable auteur. Mes déprimes s'évaporent. Je me sens tout neuf, rincé du malheur. Ange ébloui et puceau messianique ! Tel quel !

Les Yeux bleus cheveux noirs. Déjà le titre, il faut oser... Du Delly presque. Il y a chez Duras une Margot sentimentale

Marguerite Duras : tenancière sacrée de l'intériorité.

PAR PATRICK GRAINVILLE

mais terriblement artiste. Une incorrigible midinette métaphysique. Prolotte et précieuse. Donc hybride, monstrueuse. Roturière à l'oral et au physique, mais aristocratique à l'écrit, jusqu'à la quintessence, jusqu'à la dégénérescence subtile. Le sublime chez Duras naît de cette rencontre improbable d'une mythologie de bonniche ineffable et d'un grand style de marquise détraquée. Tel est le charme de la tenancière sacrée de l'intériorité.

☐ Fétichiste

L'action se passe à Trouville, dans l'estuaire de la Seine. Ce royaume saumâtre où les falaises s'éboulent et où les vases dérivent, Duras en fait un pur théâtre. Quelques rochers noirs et massifs et la rumeur des eaux lui suffisent. Une héroïne, jeune, souple, en short, avec un foulard de soie noué aux reins. C'est simple, c'est fétichiste. Duras est obsédée par les grandes filles belles et pures, fêlées, inaccessibles. Exilées tragiques ou Bovary de luxe. Arrive un homme qui n'aime pas les femmes, dévoré par la douleur d'avoir perdu son amant aux yeux bleus et aux cheveux noirs. Le triangle est en place, dans une chambre, le couple impossible de la beauté à la soie noire et de l'homo blessé. Le troisième, c'est l'étranger, l'absent bleu, l'amant disparu.

Chaque roman de Duras tourne autour d'un moment terrible et indicible, où tout s'est dé-

voilé et dérobé en un éclair. Ce moment fatal, les personnages en ressassent l'illumination et le mystère. Cette fois, c'est un cri, une consonance d'Orient qui retentit un soir d'été dans un hôtel du bord de mer, la vision brusque d'un homme aux yeux bleus et aux cheveux noirs. Cependant pas d'analyse, pas de psychologie exhaustive. Duras raffole des labyrinthes et des lacunes. Les êtres ne sont jamais ce qu'ils sont. Des signes, des gestes insensés, quelques phrases sibyllines, des cris, des crimes émergent de l'inconnu, de l'immensité cachée de ce qui n'est pas dit.

C'est ainsi que Duras nous fascine. Comme si, tout de même, elle savait, elle, d'où ça sort et de quoi il retourne, mais ne pouvait pas vraiment le préciser, ne le sachant pas d'une façon rationnelle et continue mais intuitive et décousue, en devineresse des aberrations de l'âme. D'où cet air ingénu et rusé qu'elle a dans les interviews à la télévision. Cette frimousse enfantine, dodue, toute plissée de lucidité qui se délecte de ce qui affleure des coulisses, messages fulgurants ou fuyants.

Prolotte et pythie, oui ! Et patronne assise derrière le bar de la vie intérieure. Et nous clientèle de lecteurs éberlués, bleusaille déboussolée devant ce double menton éternellement puéril et prophétique. Déjà elle hume en provenance de son Mékong mental d'autres décrets inouïs et d'impérieuses complicités.

L'homosexuel paie chaque nuit la femme au foulard de soie noire pour qu'elle dorme avec lui. Mais l'homme ne la désire pas. Dès le début c'est cuit, c'est sans remède, c'est extrême, c'est du regar-

dent, ils parlent. Les couleurs sont le blanc, le noir, un peu de bleu, de vie encore. La chambre bientôt sera déserte. L'obsession du temps qui passe est tragique. Un bateau blanc, la nuit, apparaît et disparaît le long du rivage comme un fantôme, un passeur d'âmes, un voyageur vers la mort. Dans *Les Yeux bleus cheveux noirs*, il s'agit plus de la mort que de l'amour. Duras nous annonce un amour terrifiant, un amour indicible. Il y a chez elle ce pari de Margot héroïque soutenant jusqu'au bout que la fulguration de l'amour fou existe. Il y a cette emphase naïve qui traverse son œuvre. Mais ces personnages jumeaux qui se mirent dans leur sommeil, ce bateau qui passe,

ces doubles, ce masque de soie noire plutôt qu'un rite érotique semblent ordonner une cérémonie de passage funèbre. Voyage vers la mort...

☐ Une aura sublime

Duras écrit des phrases apparemment banales : « Le plus terrible c'est l'oubli des amants. » « Le teint blanc des amants. » « La jouissance était à en perdre la vie. » « On dirait des refrains de chansons mélos. Ces phrases de roman-photo elle les inscrit dans un vertige, dans des répétitions obsédantes et ainsi leur conférer une aura sublime.

Les Yeux bleus cheveux noirs

est un roman plus intense que *L'Amant*. La chambre des amants est vraiment une autre chambre. Une chambre ultime. C'est merveille qu'après le grand tapage de *L'Amant* Duras ait pu écrire un livre plus beau, plus pur encore, enfoncé loin dans la nuit et dans la folie. La rumeur mortelle de la mer cerne la chambre des amants, qui voient passer leurs âmes sur un bateau blanc. Ce bateau est la plus belle image, la plus silencieuse de toutes les visions de Duras. C'est un roman où les amants dorment. C'est un grand roman du sommeil. Un seul baiser sera échangé pour sceller le sommeil d'Iseut et de Tristan.

P. G.

1. Article de Patrick Grainville dans *Le Figaro littéraire* du 1er décembre 1986, à l'occasion de la parution de *Les Yeux bleus cheveux noirs* aux éditions de Minuit.

2. Le port de Honfleur, décor du roman *Emily L.*, éditions de Minuit, 1987.

3. Page publicitaire des éditions de Minuit pour *Les Yeux bleus cheveux noirs* dans *Libération* du 11 décembre 1986.

Une réussite exaspérante ?

Ni roman, ni récit, plutôt tentative de théâtralisation d'une histoire déjà racontée, *Les Yeux bleus cheveux noirs*, publié par Minuit l'année suivante, peut se lire comme une variante de *La Maladie de la mort* : « C'était sur la route nationale au lever du jour [...] qu'il lui avait dit qu'il cherchait une femme pour dormir auprès de lui [...] Qu'il voulait payer cette femme... » Ici et là, des allusions

2

à la biographie récente. Pas de noms. Il y a « lui » et « elle », et « un jeune étranger aux yeux bleus cheveux noirs ». Le décor : une station balnéaire en été, la plage, des cafés de bord de mer, une chambre aux rideaux fermés à l'hôtel des Roches, des bateaux...

Sur la lancée de l'énorme vague médiatique qui a accompagné les livres précédents, celui-ci se vend bien, malgré les réticences de quelques critiques. Celui de *L'Express*, qui s'est fait une spécialité de la brocarder, est sarcastique : « À l'âge où Colette se contentait de décrire des fleurs et de faire des confitures, Mme Duras continue de raconter des histoires d'amour. » Mme Duras récidive néanmoins un an plus tard avec *Emily L.*, dans le même décor maritime. On y retrouve des échos de la liaison vécue avec Yann Andréa (« Je vous ai dit que j'avais décidé de raconter notre histoire »), mêlés à l'histoire en miettes d'une femme entrevue dans un café de Quillebeuf ou de Honfleur, une sorte de cousine anglo-saxonne d'Anne-Marie Stretter, fantasmée comme l'a été l'héroïne d'*India Song*. Comme elle, Emily L. traîne son mal de vivre dans des ports lointains. Elle possède une maison sur l'île de Wight, et le souvenir de sa jeunesse n'en finit pas de déteindre sur son présent. Le livre se vend mal, pourtant il est beau. L'auteur s'en plaint : « Ils ne se lasseront jamais les hommes qui font de la critique littéraire. Je crois qu'il y a quelque chose de convenu entre eux : ce sera elle qu'on brûlera. »
Sainte Marguerite !

3

Une exaspérante réussite :

Exquis, désespéré, *les yeux bleus cheveux noirs* est l'événement de l'automne.
Jean-François Josselin / *Le Nouvel Observateur*

C'est merveille qu'après le grand tapage de *L'amant* Duras ait pu écrire un livre plus beau, plus pur encore, enfoncé loin dans la nuit et la folie.
Patrick Grainville / *Le Figaro*

Seul Racine a ce sens des déchirements, de cette violence qui ravage et se retourne en douceur.
Gilles Costaz / *Le Matin*

Joindre les excès de l'amoureuse aux pouvoirs de la pythie. Fasciner par ses excès. C'est le parcours du mythe.
Marianne Alphand / *Libération*

Ce couple qui ne sait plus s'il vit *pour* se détruire ou s'il vit *de* se détruire.
Jacques-Pierre Amette / *Le Point*

Marguerite Duras, en magicienne de la douleur, a su capter ce qui est presque impossible à dire avec les mots. C'est envoûtant. Cette toute petite femme est immense.
Claire Gallois / *Paris-Match*

La lucidité terrassante de ce livre qui ausculte l'œuvre de perdition à laquelle l'homme à hommes se consacre.
Hugo Marsan / *Gai Pied*

On ne connaît pas d'exemple d'une pareille soif qu'aucune eau n'étanche, de cette mort au bord de la fontaine. Une exaspérante réussite.
Bertrand Poirot-Delpech / *Le Monde*

MARGUERITE DURAS

LES YEUX BLEUS CHEVEUX NOIRS

⋆*m*

LES ÉDITIONS DE MINUIT

49 F

mais aussi...

Une réussite exaspérante :

Veuillez m'excuser, mais moi, je n'aime pas Duras.
Jean-Edern Hallier / *Le Figaro Magazine*

On doit s'attendre à un triomphe en librairie dans l'immédiat.*
Angelo Rinaldi / *L'Express*

⋆*m* MINUIT

20 F   * 100.000 exemplaires vendus en quinze jours.

Entretien Marguerite Duras-François Mitterrand

Le bureau de poste de la rue Dupin

Nous publions le premier entretien entre Marguerite Duras et François Mitterrand, président de la République. Il eut lieu le 24 juillet 1985, dans l'appartement de l'écrivain, à Paris.

1

3

Les effets pervers du succès

Brûlée, elle l'aurait peut-être été en d'autres temps, mais pour un autre motif : intrusion dans une affaire judiciaire en cours, l'affaire « du petit Grégory », cet enfant retrouvé noyé dans un village de l'Est de la France, qui devient « l'affaire Villemin » lorsque la mère est inculpée, puis remise en liberté. En juillet 1985, Marguerite Duras s'est rendue sur les lieux et a « vu » dans le paysage, sur les lieux du crime, les traces d'une culpabilité du fond des âges, « sublime, forcément sublime ». Car Marguerite est voyante à ses heures. Le scandale que provoque la publication de sa voyance dans *Libération* la prend de court. Les lettres sévères qu'elle reçoit de beaucoup de femmes la laissent contrite et étonnée.

2

4

BARBIE
Le livre blanc des années noires

Le défenseur de Barbie a demandé la citation de neuf personnes

Les ''témoins'' de Me Vergès : les uns y vont, les autres pas

Jacques Vergès, l'avocat de Klaus Barbie, a fait citer pour défendre son client neuf témoins, dont Raymond Aubrac, Marguerite Duras et Régis Debray. Raymond Aubrac ira, Marguerite Duras non. Régis Debray n'a pas fait connaître sa décision.

Lucie Aubrac trouve la ficelle un peu grosse. « Vous pensez comme c'est agréable, quarante trois ans après, d'être convoqué par la Gestapo pour témoigner en faveur d'un tortionnaire ! » Raymond Aubrac, son mari, arrêté avec Jean Moulin le 21 juin 1943 à Caluire, vient en effet de recevoir avec huit autres témoins une citation à comparaître – au procès de Klaus Barbie, qui s'ouvre lundi prochain à Lyon.

Régis Debray et Marguerite Duras ont également été convoqués par Me Vergès, comme témoins. Marguerite Duras, prix Goncourt pour l'Amant, a notamment écrit la Douleur, qui inspire fort le défenseur de Barbie. Car elle y décrit des interrogatoires de collaborateurs par des résistants, dont elle même justement. C'est probablement là où veut en venir Me Vergès. Mais a romancière a sèchement décliné l'invitation *(voir ci-contre)*

Difficile en revanche de connaître le sentiment de Régis Debray, qui ne semble pas particulièrement enthousiaste à l'idée d'aller déposer à Lyon. C'est lui qui en 1983 a organisé le départ de Barbie de Bolivie, alors qu'il était chargé de mission au secrétariat général de l'Elysée. Le 4 février 1973 Régis Debray reçoit un coup de téléphone de Bolivie. C'est Gustavo Sanchez Salazar, qui est un vieux copain, journaliste marxiste exilé au temps du Chili, qui a donné un précieux coup de main à Debray lorsqu'il a été arrêté et incarcéré de 1967 à 1970, après la mort de Che Guevara.

QUELQUES HEURES POUR CONVAINCRE FRANÇOIS MITTERRAND

En 1973 Sanchez, Debray et s Klarsfeld ont failli enlever arbie, couvert par le régime, il en est fallu d'un cheveu. Mais 1973 le gouvernement a ngé. Sanchez est vice-ministre de l'Information, et le ésident Hernan Silez Suazo t prêt à extrader Barbie. Les lemands ne sont pas enthousiastes. Le 4 février, il est mmé vice-ministre de l'Intéieur, pour régler l'affaire. Le jour même, il appelle ebray, qui a quelques heures ur convaincre François Miterrand de rapatrier Barbie, ite de quoi Sanchez raconte à te la presse que personne ne ut du criminel de guerre. La ance accepte. Barbie pense 'on l'envoie en Allemagne, il comprend qu'à l'escale de

Cayenne. Voilà ce que Me Vergès veut entendre à Lyon : Barbie, pour son avocat, a été enlevé, pas extradé.

Pour Raymond Aubrac, la manœuvre est plus fine. Me Vergès a un document daté du 31 mars 1943, dans lequel le procureur de Lyon informe le procureur général de l'arrestation de vingt résistants. « Ce rapport est antérieur à l'arrestation de René Hardy qu'on présente comme le donneur de Jean Moulin, explique Me Vergès dans le Quotidien de Paris d'hier. Jean Moulin a donc été trahi bien avant. Plus curieux dans ce rapport figurait le nom de François Vallet (c'est Raymond Aubrac) qui a été arrêté à ce moment-là et relâché ». Ce serait donc Aubrac qui aurait vendu Moulin : lourde accusation pour laquelle Me Vergès et Claude Bal, auteur du film Que la vérité est amère, ont été condamnés en diffamation le 30 avril dernier.

« TOUT LE MONDE VA RIGOLER »

« Ce rapport du procureur est une des pièces que notre avocat, Me Jouffa, a versé au dossier, proteste Lucie Aubrac. Tout le monde va rigoler quand il va sortir ça. Vallet (mon mari) a été arrêté par les Français, qui ont pris ses empreintes. A Caluire, Raymond était devenu Claude Hermelin, tout ce que les Allemands ont pu prouver, c'est que Hermelin et Vallet étaient la même personne. Ils n'ont jamais su qu'il était juif, qu'il était Aubrac. On va y aller au procès ; on ne se dégonfle pas devant un Vergès. Mais croyez que c'est dur de recevoir une lettre qui dit ''Klaus Altman-Barbie, domicilié chez Me Vergès, somme M. Aubrac de venir à Lyon. Cité par la défense de la Gestapo''. »

Les autres témoins cités par Me Vergès sont Yves Danion, Jacques Forment-Delaunay, Jacques Fastre, ainsi que Suzanne et Eddine Lakdar-Toumi et Mme Farida, qui sont membres de familles torturées par les Français pendant la guerre d'Algérie, pour des crimes de guerre que les tribunaux ont décidé de prescrire.

F.J.

■ JACQUES CHABAN-DELMAS a été appelé hier à être cité comme témoin dans le procès Barbie par la partie civile. C'est Lise Lesèvre, torturée et déportée en mars 1944

L'écrivain n'est pas tombé dans le piège de la défense

Marguerite Duras : ''Le président m'aurait refusé la parole''

Le piège tendu par Me Vergès à Marguerite Duras n'a pas fonctionné. Hier, l'auteur de l'Amant a fait parvenir au défenseur de Barbie une lettre où elle dit : « *Si, cédant à votre sollicitation, je m'étais rendue lundi prochain devant la cour d'assises de Lyon, le président lui-même m'aurait refusé la parole.* » Autrement dit, elle ne peut être en aucune façon un témoin. Utiliser son livre *la Douleur* et qu'elle y conte d'une torture faite par une résistante n'est qu'un détournement scandaleux.

La réponse de Duras à Vergès, c'est une indignation *(Photo AFP)*

Marguerite Duras ne se rendra pas lundi à la cour d'assises du Rhône, malgré la citation à témoin faite par Me Jacques Vergès, avocat de Klaus Barbie. L'écrivain, après en avoir discuté avec son avocat et ami, Me Thierry Lévy, a adressé hier à Me Vergès la lettre suivante, dont elle nous a transmis le texte :

« *Maître* »,
Si j'avais eu la naïveté de croire que la défense de M. Klaus Barbie était intéressée par mes sentiments à l'égard de ceux qui, avec les nazis, ont provoqué l'arrestation des juifs et des résistants, et si, cédant à votre sollicitation, je m'étais rendue lundi prochain devant la cour d'assises de Lyon, le président lui-même m'aurait refusé la parole. Car vous n'ignorez pas que l'article 331 du Code de procédure pénale interdit aux témoins de déposer en dehors des faits et de la personnalité des accusés. Je ne sais rien des faits et je me félicite de n'avoir jamais rencontré Klaus Barbie.

DURAS »

Me Vergès entendait faire témoigner Marguerite Duras parce que, dans son livre la Douleur, elle relate son attente du retour de son mari Robert Antelme, prisonnier dans un camp de concentration, l'arrivée de celui-ci dans un état d'épuisement extrême mais surtout parce que, dans le même livre, elle raconte « des interrogatoires de collaborateurs effectués par des résistants eux-mêmes », selon les termes du communiqué publié par l'avocat.

A y regarder de près, en se reportant au livre paru en avril 1985 aux éditions POL, le résumé ainsi établi partiellement est inexact. Dans cet ouvrage, qui comprend la relation du retour du mari de Marguerite Duras après une interminable attente (c'est cette partie-là qui s'intitule La douleur) et trois autres récits de moindre dimension, l'un des récits, Albert des capitales, ne conte pas « des interrogatoires », mais un seul. Une jeune résistante, interrogeant « un petit donneur », devient impitoyable, échauffée par la présence de ses camarades, et torture ce malheureux anonyme. Cette jeune femme s'appelle Thérèse, mais l'auteur ne cache pas qu'il s'agit d'elle-même.

En de nombreux endroits du livre, Marguerite Duras évoque son activité de résistante, rencontrant fréquemment un homme du réseau qui est François Mitterrand (c'est d'ailleurs Mitterrand qui sauvera Robert Antelme en le localisant et en accélérant un retour sans lequel l'homme n'aurait pas survécu), jouant à un terrible jeu de mensonges avec un sbire de la Gestapo qui veut sans cesse la revoir. C'eût été très beau, trop beau, pour Me Vergès, de pouvoir faire comparaître une ancienne résistante, écrivain célèbre s'il en fût et amie du président de la République, pour témoigner de persécutions prétendument faites aux persécuteurs nazis !

Marguerite Duras a, évidemment, perçu le piège, aussi grossier que machiavélique. Mais, pour elle, qui se refuse à de plus amples déclarations puisque, selon le code, elle n'est en rien témoin de l'affaire Barbie, l'attitude de Me Jacques Vergès est un détournement absolu de son livre. Que dit-elle dans le récit Albert des capitales ? Que toute personne, un jour ou l'autre, sous l'influence de certaines circonstances, peut être peu ou prou un bourreau. Elle le dit avec un énorme courage, un souci de la vérité sans beaucoup d'équivalent. Rien ne l'obligeait à publier ce récit, sinon la volonté de mettre au jour les zones obscures de l'être humain, en l'occurrence d'elle-même. Mais elle rend compte d'un accident, dont elle qu'il lui fait horreur, et c'est, par la même occasion, une condamnation de la torture d'où qu'elle soit.

La réponse de Duras à Vergès, c'est une indignation, mais aussi une façon de dire que les gens de cette espèce savent tricher avec les mots mais ne savent peut-être pas lire.

GILLES COSTAZ

La vague d'admiration qu'a suscitée sa prestation sur Antenne 2, au cours d'un *Apostrophes* où elle est la seule invitée de Bernard Pivot, est retombée. Après le prix Goncourt, son succès accueilli un peu partout avec sympathie a fini par en irriter plus d'un. Ses déclarations publiques agacent. Sollicitée sans cesse par des journalistes en mal de copie, elle devient de plus en plus péremptoire, définitive. La médiatisation dont elle est l'objet cache le personnage chaleureux et doué d'un solide sens du comique qu'elle peut être dans la vie courante. Elle intervient dans la presse : lettre ouverte au président du Vietnam, interview du tyranneau haïtien « Baby Doc Duvalier », entretien avec l'indépendantiste Jean-Marie Tjibaou sur le sort de la Nouvelle-Calédonie, conversations avec Michel Platini, la star du football... Tout cela finit par lasser. En 1986, ses entretiens avec François Mitterrand pour *L'Autre Journal* sont diversement accueillis. L'année suivante, lors du procès à sensation de Klaus Barbie, citée comme témoin par son avocat, elle est à nouveau dans l'actualité. Force est de constater qu'il y a, pour beaucoup de Français, comme une « overdose » de Marguerite Duras dans ces années-là.

1. « Le bureau de poste de la rue Dupin », entretien Marguerite Duras-François Mitterrand dans *L'Autre Journal*, le 26 février 1986.
2. Article de Marguerite Duras dans *Libération* du 17 juillet 1985 à propos de l'affaire Villemin.
3. Marguerite Duras et François Mitterrand rue Saint-Benoît.
4. Citation à témoin de Marguerite Duras au procès de Klaus Barbie, 5 mai 1987.
5. Le refus de Marguerite Duras à témoigner au procès de Klaus Barbie, *Le Matin* du 8 mai 1987.
6. Marguerite Duras et Bernard Pivot sur le plateau de l'émission *Apostrophes*, le 28 septembre 1984.
7. Marguerite Duras recevant des mains de François Léotard, ministre de la Culture, le prix Ritz-Hemingway pour son livre *L'Amant*, le 7 avril 1986.

Ah ! Ernesto ①

Ernesto va à l'école pour la première fois. Il revient.
Il va tout droit trouver sa maman et lui déclare:
- Je ne retournerai plus à l'école.

La maman s'arrête d'éplucher une pomme de terre. Elle le ~~xxx~~
regarde:
- Pourquoi? demande-t-elle.
- Parce que ~~xxxx~~ dit Ernesto, à l'école on m'apprend des choses
que je sais pas,
- En voilà une autre, dit la mère en reprenant sa pomme de
terre.

bl. ——————————— 1 ligne

Lorsque le papa d'Ernesto rentre de son travail, la maman
le met au courant de la décision d'Ernesto.
- Tiens dit le père, ~~c'est la meilleure~~...

bl ——————————

Le lendemain, le papa et la maman d'Ernesto vont voir le
maître d'école pour le mettre au courant de la décision d'Ernesto.
Le maître ~~xxxx~~ ne se souvient pas particulièrement d'un
quelconque Ernesto.

- Un p-etit brun, décrit la mère. Sept ans, des lunettes,
fait pas grand bruit faut dire.
- Non, Je ne vous pas d'Ernesto, dit le maître après réflexion
- Personne le voit, dit le père, n'a l'air de rien.
- Amenez-le moi, ~~conclut~~ dit le maître.

bl ——————— 1 ligne

Le ~~xxxxxxxxx~~ encore lendemain, le papa, la maman, et Ernesto
se retrouvent devant le maître d'Ernesto.

Le maître regarde Ernesto:
- C'est vous Ernesto? demande-t-il?
- Exact, dit Ernesto.
- En effet, dit le maître, en effet, Je ne vous connais pas.
- Moi ~~xxxxxxxxxx~~ je vous reconnais, dit Ernesto
La maman montre Ernesto et hausse les épaules:
- Vous voyez ~~xxxxxxxx~~ le genre, dit-elle.

——— bl 1 ligne ———

« Ce coma d'épouvante »

Il est temps pour elle de retourner à la littérature, ce qu'elle fait avec une série d'émissions à la radio et à la télévision : *Les Nuits magnétiques* sur France-Culture, duo « Duras-Godard » pour *Océaniques* sur FR3, *Au-delà des pages* sur TF1, deux interviews de deux heures programmées en juillet 1988... Le cinéma la réclame à nouveau en la personne du producteur Claude Berri qui a acquis (très cher) les droits de *L'Amant*. Marguerite, sollicitée pour l'adaptation de son roman, y travaille de l'été 1987 jusqu'au début de l'année suivante. Mais la collaboration avec Jean-Jacques Annaud, qui doit réaliser le film au Vietnam, tourne court. On se sépare ; le metteur en scène continuera avec un autre partenaire. Résignée mais frustrée, elle se remet à sa table de travail et entreprend d'écrire à nouveau l'histoire de l'amant chinois à sa manièrc. Ce travail prendra plus de deux ans, car entre-temps elle a eu de sérieux cnnuis de santé. En octobre 1988, Marguerite Duras, qui souffre depuis quelque temps déjà d'emphysème pulmonaire, doit être conduite d'urgence à l'hôpital Laennec où les médecins décident de pratiquer une trachéotomie. Elle ne sortira du coma artificiel dans lequel elle est plongée qu'au mois de février de l'année suivante. Lorsqu'elle se réveille, alors qu'on l'avait pratiquement condamnée, elle a hâte de reprendre le travail interrompu. Ce qu'elle sera à même de faire au début de l'été 1989, après quelques mois de rééducation. Elle sort de cette épreuve diminuée physiquement, mais ses facultés miraculeusement intactes. À la fin de l'année, elle remet à P.O.L. *La Pluie d'été*, un livre plein d'humour qui reprend les aventures d'Ernesto, le héros du film *Les Enfants*, qui ne veut plus aller à l'école. Ce nouveau conte est dédié au médecin qui l'a soignée à Laennec.

1. Couverture de *La Pluie d'été* de Marguerite Duras, P.O.L., 1990.
2. Couverture de *L'Amant de la Chine du Nord* de Marguerite Duras, Gallimard, 1991.
3. Page de manuscrit de *La Pluie d'été* avec corrections.
4. Page de brouillon de *L'Amant de la Chine du Nord*.

L'enfant aux yeux gris

Alors que Jean-Jacques Annaud est en repérages dans le delta du Mékong, Marguerite Duras reprend la rédaction interrompue du « Scénario de l'amant », alias « L'amour dans la rue », pour raconter encore une fois cette histoire dont elle se sent dépossédée. « J'ai écrit ce livre dans le bonheur fou de l'écrire. [...] Pendant un an j'ai retrouvé l'âge de la traversée du Mékong dans le bac de Vinh-Long », lit-on dans l'avant-propos. Le manuscrit, confié tout d'abord à Jérôme Lindon (avec lequel elle se brouille), atterrit chez Gallimard où l'on se réjouit de son retour. Le livre paraît au printemps 1991 sous le titre *L'Amant de la Chine du Nord*, avec une bonne longueur d'avance sur la sortie du film. Fallait-il l'écrire ? Oui, s'il fallait se débarrasser des fantasmes d'une imagination dans laquelle, en dépit de l'âge, la tentation de l'érotisme n'a pas lâché prise. L'écriture est ferme, l'envie de (se) raconter irrépressible, et la

réalité joyeusement malmenée au profit d'un goût ancien pour le romanesque, allié à un réalisme un peu cru. « J'ai cette vulgarité en moi », avouait l'auteur bien des années plus tôt dans une interview. Par contraste, *Yann Andréa Steiner*, le livre qui paraît chez P.O.L. l'année suivante, se lit comme une partition à plusieurs voix, délicate et grave, qui reprend des motifs à peine esquissés dans *L'Été 80*. Même toile de fond : la plage à Trouville, les mouettes, le vent, l'arrivée de Yann, le compagnon qui voudrait bien savoir qui était Théodora Kats, ce personnage mythique que Marguerite a abandonné dans un roman jamais achevé. On retrouve les colonies de vacances, la jeune monitrice et le conte de David et du requin qu'on reprend les jours de pluie ; et l'enfant aux yeux gris, « gris comme l'orage, la pierre, le ciel du Nord, la mer », son préféré.

1 et 3. Pages du manuscrit de *Écrire* avec corrections, juin 1993.
2. Marguerite Duras et Yann Andréa.

L'écriture, je l'ai toujours emmenée avec moi où que j'aille

Puis une fois, elle est restée à Paris et c'était moi qui à Trouville, ou à New-york.

emmenée, je l'ai transportée. Elle est à Paris aussi. Elle est à Trouville aussi. C'est à Trouville que j'ai fini Lol V. Stein. Je ne me souviens jamais de l'endroit où j'ai commencé tel livre ou tel autre livre. Je me souviens de l'endroit où je les ai finis.

La solitude de l'écriture c'est une solitude sans quoi l'écrit ne se produit pas, il se trompe, il se perd, il devient vain. Et avant tout il faut que jamais il ne soit dicté à quelque secrétaire, si habile soit et jamais à ce stade le, à un éditeur. JAMAIS. SAUF P. O2. et gallimard, quant à moi.

Il faut toujours une séparation d'avec les autres autour de la personne qui écrit les livres. C'est une solitude essentielle. C'est la solitude de l'écrit. Pour débuter la chose, on se suis demandé ce que c'était ce silence autour de moi. Et pratiquement, à chaque pas que je faisais dans la maison et à toutes les heures de la journée dans toutes les lumières, qu'elles soient des lampes allumées par le jour. Cette solitude réelle du corps devenait celle de l'écrit. Je ne parlais de ça à personne. Dans cette période, première période de la solitude j'avais pas découvert immédiatement que c'était écrire qu'il fallait que je fasse, c'était ça la seule chose qui peuplait ma solitude et qui l'enchantait.

Je l'ai fait. L'écriture ne m'a jamais quittée.

Ma chambre ce n'est pas un lit, ni ici, ni à Paris, ni à Trouville. C'est un certain lieu, une certaine table, des habitudes d'encre, noires de marque introuvable, une certaine chaise. Ces certaines habitudes je les retrouve toujours, où que je sois, même dans les lieux où je n'écris pas. J'ai eu des amants pendant cette période-là. Peut-être je suis restée sans du tout d'amants. Ils se faisaient à la solitude. Ils l'habitaient.

17 mai 1993   4

« *C'est tout* »

The Lover, film en couleurs et décors naturels, sort à Paris en janvier 1992. Dans cette coproduction franco-britannique, les amants de Marguerite Duras parlent anglais, mais le nombre de spectateurs qui voient le film à travers le monde dépasse aisément, en quelques mois, le nombre des lecteurs du roman. Magie du cinéma ! Marguerite est entrée dans la légende sur les talons dorés de Jane March, la jeune fille « découverte » par Jean-Jacques Annaud. Elle est devenue objet de culte. Lorsqu'elle fait une apparition en ville (de plus en plus rarement) pour un vernissage, une avant-première, on s'attroupe autour d'elle, la jeunesse surtout. C'est une vieille dame coquette ; elle a abandonné le « look Duras » des années de tournage (gilet, col roulé, jupe stricte et bottillons), se maquille, porte des tenues plus élégantes, de longues écharpes, des laines confortables. Le visage s'est apaisé, comme le rythme de la vie dont la grande affaire demeure l'acte d'écrire. « Écrire autrement. Avec des risques d'échecs », dit-elle à Benoît Jacquot à qui elle raconte devant une caméra l'histoire du *Jeune aviateur anglais*. Il revient pour qu'elle s'explique une dernière fois au sujet de cet acte mystérieux qui aura occupé une grande partie de sa vie. De film en livre, *Écrire*, l'entretien remanié et augmenté, publié par Gallimard en 1993, sera son dernier opus – ou presque. Il y aura encore ce mince opuscule publié en 1995, à quelques semaines de la mort. La parole est à peine audible, les phrases à peine formées, mais c'est encore sa voix inimitable. Des plaintes : « C'est tellement dur de mourir. » Du cran : « Allons voir l'horreur, la mort. » Des aphorismes : « Écrire toute sa vie, ça apprend à écrire. Ça ne sauve de rien. » De l'ironie : « Il se trouve que j'ai du génie. » Une ultime consolation : « Le mot amour existe. » Puis, le mot de la fin, un dernier titre : « *C'est tout* ».

1. Marguerite Duras à Trouville, été 1988.

1

Références des citations

p. 26-27
Marguerite Duras, « Les petits pieds de la Chine »,
fonds Duras, IMEC.
p. 28-29
Marguerite Duras, L'Amant, éditions de Minuit, 1984.
p. 42-43
Marguerite Duras et Michelle Porte,
Les Lieux de Marguerite Duras, éditions de Minuit, 1977.
p. 46-47
Marguerite Duras et Michelle Porte, Les Lieux de Marguerite
Duras, Éditions de Minuit, 1977.
p. 48-49
Marguerite Duras, in « Les Cahiers de la guerre », IMEC.
p. 80
Philippe Roques et Marguerite Donnadieu, L'Empire français,
Gallimard, 1940.
p. 94-95
Paul Vaillant-Couturier, membre du comité central du Parti
communiste français.
Dionys Mascolo, Le Magazine littéraire, juin 1990.
p. 98-99
Claude Roy, Pour nous, Gallimard, 1972.
p. 100-101
Marguerite Duras, Carnet, fonds Marguerite Duras, IMEC.
p. 112-113
Marguerite Duras, entretien avec Luce Perrot pour TF1
en 1988, IMEC.
p. 118-119
Marguerite Duras, « Seine-et-Oise »,
France Observateur, 1962.
p. 136-137
Marguerite Duras, correspondance avec Joseph Losey,
coll. particulière.
p. 148-149
Marguerite Duras, lors d'une conférence de presse au festival
de Cannes pour India Song en 1975.
Dionys Mascolo, n° spécial Duras, Magazine littéraire, 1990.
Marguerite Duras, The Paris Magazine, octobre 1967, IMEC.
p. 150-151
Marguerite Duras, interview avec Yvonne Baby pour Le Monde
du 7 mars 1967.
p. 154-155
Le Camion, scénario original suivi d'un « Entretien
avec Michèle Porte », éditions de Minuit, 1977.
p. 156-157
Marguerite Duras, India Song, texte, théâtre, Gallimard, 1973.
Robert Chazal dans Le Film français, mai 1975.
p. 158-159
Marguerite Duras, India Song, 1973.
p. 160-161
Gérard Courant, Cinéma 82, n° 277, janvier 1982.
p. 184-185
Marguerite Duras, L'Amant de la Chine du Nord,
Gallimard, 1991.
Marguerite Duras, Yann Andréa Steiner, P.O.L., 1992.
p. 186-187
Marguerite Duras, C'est tout, P.O.L., 1995.

Table des illustrations

4. Télégramme de condoléances du directeur de l'Instruction publique à Saigon à Mme Donnadieu après le décès d'Henri Donnadieu. Centre des Archives d'outre-Mer, Aix-en-Provence.

5. Tombe d'Henri Donnadieu au cimetière de Lévignac-de-Guyenne. Coll. Jean Vallier.

6. Acte de vente du domaine de Platier à Henri Donnadieu, enregistré à Marmande le 5 décembre 1921. Archives départementales du Lot-et-Garonne.

p. 34-35

1. Le triage des prunes dans la région d'Agen, début du xxᵉ siècle. Boyer-Viollet.

2. L'abbé Duffau, curé de Pardaillan, années 1920. Coll. Jean Vallier.

3. L'église de Pardaillan. Coll. Jean Vallier.

4. Placard annonçant la vente du domaine de Platier, le 22 décembre 1923. Coll. part.

5. La place du Marché à Duras, Lot-et-Garonne, début du xxᵉ siècle. Coll. Jean Vallier.

6. Marie Donnadieu, années 1920. Coll. Jean Mascolo.

7. Vieux moulin à eau sur le Dropt, aux environs de Duras. Coll. Jean Vallier.

p. 36-37

Terrasse du Grand-Hôtel de la Rotonde à Saigon. ND-Viollet.

p. 38-39

1. Marguerite au bord du Don Nai vers 1928-1929. Coll. Jean Mascolo.

p. 40-41

1. Paul Donnadieu en maillot rayé, en compagnie d'un groupe d'Européens à Vinh Long, vers 1925. Coll. Jean Mascolo.

2. Salon du Grand Hôtel de Phnom Penh dans les années 1920. Coll. part.

3. Lettre de Marie Donnadieu au gouverneur général de l'Indochine demandant son affectation à Hanoi, juillet 1924. Centre des Archives d'outre-Mer, Aix-en-Provence.

4. Yvette Amelin, l'amie de Marguerite, en costume de Mardi-Gras, à Pardaillan, vers 1924. Coll. Jean Vallier.

5. Lettre de Marguerite Donnadieu adressée de Phnom Penh à son amie Yvette Amelin, octobre 1924. Coll. Jean Mascolo.

p. 42-43

1. Marie Donnadieu et ses enfants dans une calèche à Vinh Long. Coll. Jean Mascolo.

2. La cour de l'école de Vinh Long. Coll. Jean Vallier.

3 et 4. Annuaire administratif de la province de Vinh Long. Coll. Jean Vallier.

5. Marguerite Donnadieu en Indochine, vers 1927-1928. Coll. Jean Mascolo.

6. Lettre de Marie Donnadieu au gouverneur général de l'Indochine demandant le remboursement des frais de voyage de son fils Pierre Donnadieu, Vinh Long, 1928. Centre des Archives d'outre-Mer, Aix-en-Provence.

7. Marguerite Donnadieu vers 1926-1927. Coll. Jean Mascolo.

8. Paul et Mme Donnadieu à l'école de Vinh Long, vers 1926-1927. Coll. Jean Mascolo.

p. 44-45

Vue du Mékong. Coll. Sirot-Angel.

p. 46-47

1. Carte du Cambodge de 1911 : la route de Kampot. Bibliothèque de l'École française d'Extrême-Orient.

2. Le bungalow de Kep, station balnéaire de la province de Kampot, années 1920. Coll. Part.

3 et 6. Emplacement de la concession de Mme Donnadieu à Prey Nop, province de Kampot, Cambodge.

Coll. Jean Vallier.

4. Une Citroën B12. Coll. part.

5. Village cambodgien avec maisons flottantes. Coll. part.

p. 48-49

1. Marguerite Donnadieu, vers 1930. Coll. Jean Mascolo.

p. 50-51

1. Vue de Sadec dans la première partie du xxᵉ siècle. Leemage.

2. La maison de Marie Donnadieu à Sadec. Coll. Jean Vallier.

3. Carte routière de la région de Saigon, en 1932. Coll. part.

4. « C'est le fleuve », page dactylographiée de L'Amant. IMEC, fonds Duras. © Éditions de Minuit.

5. Sortie des classes à l'école de Vinh Long, années 1920. Coll. part.

6. Résidence de l'administrateur de la province de Sadec, années 1920. Coll. part.

7. Marguerite et sa mère sur la terrasse de la maison de Sadec en 1931, peu de temps avant leur départ pour la France. À gauche, Dô, la gouvernante, et Tanh, un jeune Cambodgien recueilli par Mme Donnadieu. Coll. Jean Mascolo.

8. Embarcadère d'un bac en Indochine. L'Illustration.

p. 52-53

1. Marguerite Duras et son amie, la fille du juge de paix de Sadec, en 1930. Coll. Jean Mascolo.

2. La classe de philosophie du lycée Chasseloup-Laubat à Saigon, en 1932-1933. Coll. Jean Vallier.

3. Une rue à Saigon. Rue des Archives.

4. Plan de Saigon, années 1930. Liste des théâtres et des cinémas. Coll. part.

5. L'entrée du lycée Chasseloup-Laubat à Saigon. Photo Ch. Lebailly, FR CAOM 30Fi106/88. Centre des Archives d'outre-Mer, Aix-en-Provence.

p. 54-55

1. Marguerite et Paul Donnadieu en France, en 1932. Coll. Jean Mascolo.

2. Vue de Port-Saïd, début du xxᵉ siècle. Coll. Sirot-Angel.

3. Marguerite dans le jardin de la Grande Mosquée de Port-Saïd en 1931. Coll. Jean Mascolo.

4. Marguerite Donnadieu et son frère Pierre en France, en 1932. Coll. Jean Mascolo.

5. L'escale de Port-Saïd en 1931. Coll. Jean Mascolo.

p. 56-57

1. Marguerite, son frère Paul (à gauche), leur cousin Paul Rembauville-Nicolle (au centre) et Pierre, dans l'appartement de Vanves, été 1932. Coll. Jean Mascolo.

2. L'immeuble du 16 avenue Victor-Hugo à Vanves. Coll. Jean Vallier.

3. Marguerite et un groupe de camarades de classe à Paris en 1931-1932. Coll. Jean Mascolo.

4, 5 et 7. Marguerite dans l'appartement de Vanves en 1932. Coll. Jean Mascolo.

6. Paul Donnadieu dans l'appartement de Vanves. Coll. Jean Mascolo.

p. 58-59

1. Marguerite et son cousin Paul Rembauville-Nicolle à Trouville, été 1932. Coll. Jean Mascolo.

2. Marguerite et son frère Paul à Trouville en 1932. Coll. Jean Mascolo.

3. Marguerite Donnadieu vers 1930. Coll. Jean Mascolo.

4. L'Hôtel des Roches-Noires à Trouville. Roger-Viollet.

5. Vue de la basilique de Lisieux. Coll. Jean Vallier.

6. La patinoire Molitor à Paris dans les années 1930. Roger-Viollet.

7. Reconstitution du temple d'Angkor Vat à l'Exposition coloniale de 1931 à Paris. Roger-Viollet.

p. 60-61

1. Marie Donnadieu dans l'appartement de Vanves en 1932. Coll. Jean Mascolo.

2, 3 et 4. Marguerite Donnadieu et sa mère vers 1932. Coll. Jean Mascolo

p. 62-63

1 et 3. Livret de distribution des prix du lycée Chasseloup-Laubat le 12 juillet 1933. Coll. part.

2. Autorisation de passage pour le retour en France de Marguerite Donnadieu à la rentrée de 1933. Centre des Archives d'outre-Mer, Aix-en-Provence.

4. Marie Donnadieu, un jour de baptême, devant la cathédrale de Saigon, au milieu des années 1930. Coll. Jean Mascolo.

5 et 6. Marie Donnadieu dans sa maison de Saigon, au 141 de la rue Testard. Coll. Jean Mascolo.

7. La maison de la rue Testard. Coll. Jean Vallier.

8. La piscine de l'Oasis à Saigon. L'Illustration.

p. 64-65

À gauche : Pierre Donnadieu en France dans les années 1930. Coll. Jean Mascolo.

À droite : Marguerite Donnadieu en 1933 dans la maison de sa mère, rue Testard, avant son départ définitif pour la France. Coll. Jean Mascolo.

p. 66-67

1. Marie Donnadieu dans sa maison de Saigon. Coll. Jean Mascolo.

2. Intérieur du Félix Roussel, paquebot des Messageries Maritimes. Coll. part.

3. Notice de débarquement du Service colonial de Marseille au nom de Marguerite Donnadieu, octobre 1933. Centre des Archives d'outre-Mer, Aix-en-Provence.

4. Marguerite et ses camarades de lycée, sur le pont des premières classes du Porthos, octobre 1933. SIPA.

4. Lettre de Marie Donnadieu au gouverneur général de l'Indochine au moment de sa mise à la retraite en 1935. Centre des Archives d'outre-Mer, Aix-en-Provence.

p. 68-69

1. Carte d'entrée de Marguerite Duras à la bibliothèque Sainte-Geneviève en 1940, après son mariage avec Robert Antelme. Coll. Jean Mascolo.

p. 70-71

1. Carte du foyer international des étudiants de Marguerite Donnadieu, année scolaire 1934-1935. Coll. Jean Mascolo.

2. Fortunat Strowski, professeur à la Sorbonne. Roger-Viollet.

3. Vue de la rue Soufflot et du Panthéon à Paris. Coll. Sirot-Angel.

4 et 5. Pages du dossier d'inscription de Marguerite Donnadieu à la faculté de droit de l'université de Paris. Archives nationales.

6. Marguerite et son frère Pierre en vacances dans le Tyrol autrichien, été 1935. Coll. Jean Mascolo.

7. Georges Beauchamp et Jean Lagrolet, condisciples de Marguerite Donnadieu et de Robert Antelme à la faculté de droit d'Assas. Coll. Jean Vallier.

8. Marguerite et Jean Lagrolet en villégiature vers 1935-1936. Coll. Jean Mascolo.

p. 72-73

1. Marguerite Donnadieu et Jean Lagrolet, pique-niquant vers 1935-1937. Coll. Jean Mascolo.

2. Marguerite Donnadieu au milieu des années 1930. Coll. Jean Mascolo.

3. La Coupole à Montparnasse dans les années 1930. Roger-Viollet.

4. Façade du cinéma Le Normandie à Paris dans les années 1930. Roger-Viollet.

5. Scène de film avec Lillian Harvey et Henri Garat. Lipnitzki/Roger-Viollet.

6. Marlène Dietrich dans L'Ange bleu. Rue des Archives.

7. Georges et Ludmilla Pitoëff dans Roméo et Juliette aux Mathurins, juin 1937. Roger-Viollet.

p. 74-75

1. Pierre Donnadieu, rue Chomel à Paris, vers 1935-1936. Coll. Jean Mascolo

2 et 3. Marguerite dans sa chambre, rue Chomel, vers 1935-1936. Coll. Jean Mascolo.

4. Robert Antelme rue Chomel, vers 1936. Coll. Jean Mascolo.

p. 76-77

1. Manifestation du 6 février 1934, place de la Concorde à Paris. L'Illustration.

2. Une de L'Humanité du 15 juillet 1936 sur la manifestation du 14 juillet à Paris. Roger-Viollet.

3. Manifestation des étudiants de la faculté de droit contre le professeur Jèze, Paris, le 5 mars 1936. Roger-Viollet.

4. Pancartes abandonnées par les participants lors de la manifestation du 6 février 1934. Roger-Viollet.

5. Délégation du Congrès universel pour la paix lors de la manifestation du 14 juillet 1936 à Paris. Roger-Viollet.

p. 78-79

1. Georges Mandel, ministre des Colonies, Paul Raynaud, ministre des Finances, et César Campinchi, ministre de la Marine, à la sortie d'un Conseil des ministres à Paris en 1939. Roger-Viollet.

2. Couverture de L'Empire français de Philippe Roques et Marguerite Donnadieu, Gallimard, 1940. Archives Gallimard.

3. Pavillon de l'Italie lors de l'Exposition universelle de 1937 à Paris. L'Illustration.

4. Affectation de Marguerite Donnadieu au Comité de propagande de la banane française, en 1938. Coll. part.

5. Bulletin de documentation coloniale, août 1937.

6. Pavillon de la banane française à l'Exposition universelle de 1937. L'Illustration.

7. Marguerite entre Marie-Louise et Robert Antelme, à la fin des années 1930. Coll. Jean Mascolo.

8. Marguerite à la fin des années 1930. Coll. Jean Mascolo.

9. Marguerite et sa belle-sœur Marie-Louise Antelme à la fin des années 1930. Coll. Jean Mascolo.

p. 80-81

1. Note de Marguerite Duras en haut d'une page d'un de ses « Cahiers de la guerre », rédigés à partir de 1943.

p. 82-83

1. Ordre de mobilisation générale du 2 septembre 1939. Roger-Viollet.

2. Robert Antelme mobilisé (à droite). Coll. Jean Mascolo.

3. Marguerite Antelme dans les jardins du Luxembourg à Paris, au début des années 1940. Coll. Jean Mascolo.

4. L'hiver très rude de janvier 1941, place de l'Opéra à Paris. L'Illustration.

5. Affichage des restrictions sur la vitrine d'un magasin d'alimentation à Paris sous l'occupation allemande en 1944. Rue des Archives.

6. Carte d'alimentation et tickets de rationnement, 1940-1941. L'Illustration.

7. Marguerite Donnadieu et Jean Lagrolet, pique-niquant vers 1935-1937. Coll. Jean Mascolo.

8. Daladier et Hitler à Munich, le 29 septembre 1938. Roger-Viollet.

9. Affiche de propagande du maréchal Pétain. Rue des Archives.

p. 84-85

1. Terrasse de café sur les grands boulevards dans Paris occupée par les Allemands en 1940. L'Illustration.

2. Marguerite et Robert Antelme vers 1941-1942. Coll. Jean Mascolo.

3. Robert Antelme. Coll. Jean Vallier.

4. Couverture du premier roman de Marguerite Duras, Les Impudents, Plon, 1943. Coll. part.

5 et 6. Marguerite et Robert Antelme à Paris pendant la guerre, 1941-1942. Coll. Jean Mascolo.

7. Ramon Fernandez, écrivain et critique littéraire. Roger-Viollet.

p. 86-87

1. Dionys Mascolo et Marguerite Duras. Coll. Jean Mascolo.

2. L'hôtel du Cercle de la librairie à Paris. Coll. part.

3. Lettre de Dionys Mascolo à Marguerite Antelme, secrétaire de la Commission de contrôle du papier, 1943. Archives Gallimard.

4. Albert Camus à la NRF. Leemage

5. Dionys Mascolo, Marguerite et Robert Antelme vers 1943. Coll. Jean Mascolo.

p. 88-89

1. François Mitterrand (au fond à gauche) au Commissariat des prisonniers rapatriés en 1943. Keystone.

2. Procès de Pierre Bonny (à droite) et de Henri Lafont le 9 décembre 1944. Roger-Viollet.

3. François Mitterrand, ministre des Anciens Combattants, à son bureau en 1947. Keystone.

4. Couverture de La Vie tranquille de Marguerite Duras, Gallimard, 1944. Archives Gallimard.

5. Le poste de commandement de défense passive de la préfecture de Paris en 1943. Rue des Archives.

6. La prison de Fresnes en 1945. Keystone.

p. 90-91

1. Cadavres au camp de Dachau en 1945. Coll. Jean Mascolo.

2. Marie-Louise Antelme, sœur de Robert. Coll. Jean Mascolo.

3. La libération du camp de Dachau, le 29 avril 1945. L'Illustration.

4. Carte de presse de Marguerite Antelme pour Libres, journal du Mouvement national des prisonniers de guerre et déportés, avril 1945. Coll. Jean Mascolo.

5. Télégramme de Dionys à Marguerite lui annonçant le retour de Robert de Dachau. Coll. Jean Mascolo.

p. 92-93

1. Couverture d'un des « Cahiers de la guerre », dit « cahier beige ». IMEC, fonds Duras.

2. Billet de Robert Antelme annonçant sa libération, daté du 1er mai 1945. IMEC, fonds Duras.

3. Lettre de Robert Antelme à Marguerite, envoyée de Dachau le 6 mai 1945. IMEC, fonds Duras.

4. Réponse de Marguerite à Robert Antelme, mai 1945. IMEC, fonds Duras.

p. 94-95

1. Marguerite en canadienne à la fin des années 1940. Coll. Jean Mascolo.

p. 96-97

1 et 2. Carte d'adhérent au Parti communiste français de Marguerite Antelme, 1947.

3. Vente de L'Avant-Garde, journal des Jeunesses communistes prônant le « oui » au premier référendum sur la Constitution du 5 mai 1946, place de la Bastille à Paris. Roger-Viollet.

4 et 6. Défilé du 1er mai sur le Cours de Vincennes en 1946. LAPI/Roger-Viollet.

5. Interview d'Elio Vittorini par Dionys Mascolo et Edgar Morin dans Les Lettres françaises du 27 juin 1947. Coll. part.

p. 98-99

1. Robert Antelme, rue Saint Benoît. Coll. Jean Mascolo.

2. Claude Roy. Photo Marc Foucault. Archives Gallimard.

3. Maurice Merleau-Ponty. Photo Roger Parry. Archives Gallimard.

4. Georges Bataille. Photo Roger Parry. Archives Gallimard.

5. Raymond Queneau vers 1943. Photo Roger Parry. Archives Gallimard.

6. Michel Leiris. Roger-Viollet

7. Marguerite, rue Saint-Benoît. Coll. Jean Mascolo.

8. La terrasse du café Aux Deux Magots, place Saint-Germain-des-Prés à Paris. Rue des Archives.

9. La brasserie Lipp, boulevard Saint-Germain à Paris. Rue des Archives.

10. Duke Ellington, Boris Vian, Juliette Gréco et Anne-Marie Cazalis au Club Saint-Germain-des-Prés à Paris, juillet 1948. Keystone.

11. Texte dactylographié de Marguerite Duras sur les « plaisirs du 6e arrondissement ». IMEC, fonds Duras.

p. 100-101

1. Sonia Orwell, veuve de l'écrivain George Orwell, amie de Marguerite Duras. Coll. part.

2. Elio Vittorini et une amie à la fin des années 1940. Coll. Jean Mascolo.

3. Albert Steiner (le designer) sur son bateau, Marguerite, Ginetta et Elio Vittorini, en vacances à Bocca di Magra, sur la Côte ligure en Italie, vers 1946. Coll. Jean Mascolo.

4. La trattoria de Bocca di Magra. Coll. Jean Mascolo.

5. Marguerite et Dionys Mascolo en Italie, à la fin des années 1940. Coll. Jean Mascolo.

6. Marguerite et son fils Jean, rue Saint-Benoît à Paris. Coll. Jean Mascolo.

7. Marguerite et son fils Jean, en 1948. Ccoll. Jean Mascolo.

8. Dionys Mascolo et son fils Jean, en 1948. Coll. Jean Mascolo.

p. 102-103

1. Gaston Gallimard et Marguerite Duras au moment de la sortie du Marin de Gibraltar. Coll. Jean Mascolo.

2. Le Marin de Gibraltar de Marguerite Duras, Gallimard, 1952. Archives Gallimard.

3. L'Espèce humaine de Robert Antelme, La Cité Universelle, 1947. Coll. part.

4. Article de Robert Antelme et Dionys Mascolo dans le journal Combat du 28 janvier 1948. Coll. part.

5. Les Temps modernes, octobre 1947. Coll. part.

6. L'An zéro de l'Allemagne d'Edgar Morin, La Cité Universelle, 1946. Coll. part.

7. Marguerite Duras, aux éditions Gallimard en juin 1950. Photo Roger Parry. Archives Gallimard.

p. 104-105

1. Couverture d'Un barrage contre le Pacifique, Marguerite Duras, Gallimard, 1950. Coll. part.

2. Pages des « Cahiers de la guerre », première ébauche du Barrage. IMEC, fonds Duras. © Éditions Gallimard.

3. Le rac, devant le bungalow de la concession. Coll. Jean Vallier.

4. Pancarte au bord de la route de Kampot à Réam, à l'entrée du pont qui franchit le rac. Coll. Jean Vallier.

5. « La plaine » et le littoral du golfe de Siam vus de la station du Bokor, au-dessus de Prey Nop,

dans la chaîne de l'Éléphant. Coll. Jean Vallier.

6. Enfant cambodgien. Photo Françoise De Mulder. Roger-Viollet.

p. 106-107

1. Le square Saint-Germain à Paris en 1956. Photo Willy Ronis. CNAC/MNAM Dist. RMN.

2. Couverture du Square, Marguerite Duras, Gallimard, 1955. Archives Gallimard.

3. Couverture des Petits chevaux de Tarquinia de Marguerite Duras, Gallimard, 1953. Archives Gallimard.

4. Marguerite Duras à sa table de travail rue Saint-Benoît en 1955. Lipnitzki/Roger-Viollet.

p. 108-109

1. Banderole contre l'exécution d'Ethel et Julius Rosenberg en 1952. Rue des Archives.

2. Annonce du « coup de force d'Alger » le 22 avril 1961. L'Illustration.

3. Soldats sud-coréens et américains, octobre 1950. Keystone.

4. Guerre du Vietnam, 1952. L'Illustration.

p. 110-111

1. Extrait du brouillon dactylographié de La Vie matérielle de Marguerite Duras. IMEC, fonds Duras. © P.O.L. 1987.

p. 112-113

1. Entrée des chars soviétiques à Budapest, le 4 novembre 1956. L'Illustration.

2. « Le Manifeste des 121 », déclaration sur le droit à l'insoumission dans la guerre d'Algérie. Coll. part.

3. Affiche contre le référendum du 28 septembre 1958 portant sur le projet de nouvelle Constitution proposé par le général de Gaulle. Roger-Viollet.

4. Manifestation d'exilés hongrois à Vienne contre l'occupation soviétique, le 27 octobre 1956. L'Illustration.

p. 114-115

1. France Observateur du 11 juillet 1957 et du 9 novembre 1961, dans lesquels Marguerite Duras signe les articles « Le dimanche des héros » et « Les deux ghettos ».

2. Marguerite Duras, Jean-François Josselin, Michel Foucault, Jean Daniel et Philippe Sollers au siège du Nouvel Observateur.

3. Couverture d'Outside, où sont rassemblées des chroniques de Marguerite Duras pour France Observateur, P.O.L., 1984.

p. 116-117

1. Marguerite et Gérard Jarlot à Cortinat d'Ampezzo. Coll. Jean Mascolo.

2. Marguerite sur la plage à Trouville, années 1960. Coll. Jean Mascolo.

3. Marguerite aux Roches-Noires à Trouville. Coll. Jean Mascolo.

4. Le château des Tertres à Onzain, sur les bords de Loire, dernière résidence de Marie Donnadieu. Coll. Jean Vallier.

5. La mère de Marguerite Duras à Onzain, au début des années 1950. Coll. Jean Mascolo.

6. Brigitte Bardot et Jacques Charrier à Saint-Tropez, juillet 1959. Rue des Archives.

p. 118-119

La maison de Neauphle et l'étang. Photo Jean Mascolo.

p. 120-121

1. Marguerite chez elle à Neauphle-le-Château. Paris-Match.

2. La liste des ingrédients et produits à avoir toujours chez soi, dressée par Marguerite Duras. IMEC, fonds Duras.

3 et 4. Recettes de Marguerite Duras. IMEC, fonds Duras.

5. La cuisine de Neauphle-le-Château. Coll. Jean Mascolo.

6. Jean Mascolo au collège Cévenol à Chambon-sur-Lignon. Coll. Jean Mascolo.

p. 122-123

1. Marguerite Duras reçoit le prix de Mai à la Hune pour Moderato Cantabile. Rue des Archives.

2. Couverture de Moderato Cantabile de Marguerite Duras, éditions de Minuit, 1958. Coll. part.

3. Alain Robbe-Grillet, Claude Simon, Claude Mauriac, Jérôme Lindon, Robert Pinget, Samuel Beckett, Nathalie Sarraute et Claude Ollier en 1959. Photo Mario Dondero. Éditions de Minuit.

4. Affiche du film Moderato Cantabile. Christiphe L.

p. 124-125

1. Extrait du manuscrit de Hiroshima mon amour. IMEC, fonds Duras. © Éditions Gallimard.

2 et 4. Lettre d'Alain Resnais envoyée du Japon à Marguerite Duras avec photos de repérage. IMEC, fonds Duras.

3. Marguerite Duras au festival de Cannes, en 1967. Coll. Jean Mascolo.

5. Placard publicitaire d'un journal américain pour le film Hiroshima mon amour. IMEC, fonds Duras.

6. Affiche du film Hiroshima mon amour d'Alain Resnais. Christophe L.

p. 126-127

Emmanuelle Riva et Eji Okada dans le film Hiroshima mon amour. IMEC, fonds Duras.

p. 128-129

1. Bocca di Magra. Coll. Jean Vallier.

2. Couverture de L'Après-Midi de Monsieur Andesmas, Marguerite Duras, Gallimard, 1962. Archives Gallimard.

3. Affiche du film 10 h 30 du soir en été, réalisé par Jules Dassin. Christophe L.

4. Page du roman Dix heures et demie du soir en été, Gallimard, 1960.

p. 130-131

1. Tapuscrit annoté de L'Après-Midi de Monsieur Andesmas. IMEC, fonds Duras. © Éditions Gallimard.

2. Loleh Bellon dans un projet de roman-photo, par Marguerite Duras et Jean Mascolo, d'après Le Ravissement de Lol V. Stein. Photo Jean Mascolo.

3. Michaël Lonsdale dans le rôle du vice-consul du film India Song, 1975. Photo Jean Mascolo.

p. 132-133

1. Épreuves corrigées du Ravissement de Lol V. Stein. IMEC, fonds Duras. © Éditions Gallimard.

2. Brouillon du Vice-Consul. IMEC, fonds Duras. © Éditions Gallimard.

p. 134-135

1. Marguerite Duras à New York en 1964. Coll. Jean Mascolo.

2. Marguerite Duras et le peintre Joe Dawning pendant la traversée Le Havre-New York en mars 1964. IMEC, fonds Duras.

3. Couverture de Fours Novels, quatre romans de Marguerite Duras réunis en un volume, Grove Press, New York, 1965. Coll. Jean Mascolo.

4. Programme de la pièce Des journées entières dans les arbres pour la production américaine au Circle in the Square Theater à New York, en octobre 1976.

5. Lettre de Marguerite Duras au peintre Jeanick Ducot concernant la maison de son père à Pardaillan, en 1966. Coll. Jean Vallier.

6. Marguerite devant le domaine de Platier. Coll. Jean Vallier.

p. 136-137

1. Voiture renversée et chaussée dépavée en mai 1968 à Paris. L'Illustration.

2. Discours de Fidel Castro, le 1er mai 1967,
place de la Révolution à La Havane. Roger-Viollet.

3. Couverture de *Détruire, dit-elle*, éditions de Minuit, 1969.
Coll. part.

4. Chanson écrite par Marguerite Duras. IMEC, fonds Duras.

5. Marguerite Duras, Michel Leiris, Wilfredo Lam,
Jean Schuster, Solange Leprince en voyage à Cuba
en juillet 1967. Coll. Jean Mascolo.

6. Texte dactylographié du Comité étudiants-écrivains.
IMEC, fonds Duras.

p. 138-139

1. Programme de la pièce *Des journées entières dans les
arbres* au théâtre Ambassador à New York. Coll. Jean Vallier.

p. 140-141

1 Affiche des *Viaducs de la Seine-et-Oise* de Marguerite
Duras, au Théâtre de poche Montparnasse. Coll. part.

2. Katharina Renn et Paul Crauchet dans *Les Viaducs
de la Seine-et-Oise* de Marguerite Duras au Théâtre
de poche Montparnasse le 2 février 1963. Enguerrand.

3. Ketty Albertini et R. J. Chauffard dans *Le Square*
de Marguerite Duras, au Studio des Champs-Élysées
le 9 septembre 1956. Enguerrand.

4. Affiche du *Square* de Marguerite Duras au Studio
des Champs-Élysées, septembre 1956. Coll. part.

5. Claire Deluca, Marguerite Duras et Marie-Ange Dutheil
en répétition pour *Le Shaga*, octobre 1968. Enguerrand.

6. Affiche de *Miracle en Alabama* de William Gibson,
texte français de Marguerite Duras et Gérard Jarlot
au théâtre Hébertot. Coll. part.

7. Affiche de *Yes, peut être* et du *Shaga*, octobre 1968.
Coll. part.

p. 142-143

1. Texte de Marguerite Duras consacré à Madeleine Renaud.
IMEC, fonds Duras.

2. Madeleine Renaud et Marguerite Duras lors
de la générale de *Des journées entières dans les arbres*
au théâtre de France, le 3 décembre 1965. Rue des Archives.

3. Madeleine Renaud et Michaël Lonsdale dans *L'Amante
Anglaise* de Marguerite Duras. Tournée américaine de
la pièce avec Le Tréteau de Paris en 1971. Photo Ivan Farkas.
Coll. Jean Vallier.

4. Bulle Ogier et Madeleine Renaud dans *Des journées
entières dans les arbres* de Marguerite Duras, théâtre d'Orsay
à Paris, octobre 1973. Enguerrand.

5. Critique de J.-J. Gautier pour *La Musica* et *Les Eaux
et Forêts* de Marguerite Duras, octobre 1965. Coll. part.

6. Miou-Miou et Sami Frey dans *La Musica deuxième*
au théâtre du Rond-Point, février-mars 1985. Enguerrand.

p. 144-145

1. Marguerite Duras pendant la répétition de *Navire Night*
au théâtre Édouard VII à Paris, mars 1979.
Lipnitzki/Roger-Viollet.

2. Affichette pour la pièce de Marguerite Duras *The Eden
Cinema* au Harold Clurman Theatre, mars 1986.
Coll. Jean Vallier.

3. Madeleine Renaud et Axel Bogousslavsky dans *L'Éden
Cinéma* de Marguerite Duras, mise en scène par Claude
Régy, théâtre d'Orsay à Paris, octobre 1977. Enguerrand.

p. 146-147

1. Bulle Ogier et Madeleine Renaud dans *Savannah Bay* de
Marguerite Duras, théâtre du Rond-Point, 1983. Enguerrand.

2. Planning de la compagnie Renaud-Barrault pour
les répétitions de *Savannah Bay* au théâtre du Rond-Point

à Paris, septembre 1983. IMEC, fonds Duras.

3. Croquis de Marguerite Duras pour sa mise en scène
de *Savannah Bay* au théâtre du Rond-Point à Paris,
septembre 1983. IMEC, fonds Duras.

4. Paroles de la chanson d'Édith Piaf *Les Mots d'amour*
(Michel Rivegauche et Charles Dumont), recopiée par
Marguerite Duras, pour sa mise en scène de *Savannah Bay*.
IMEC, fonds Duras.

p. 148-149

1. Marguerite Duras aux commandes pendant le tournage
du film *Le Camion*, en 1977. Photo Jean Mascolo.

p. 150-151

1. Delphine Seyrig et Robert Hossein pendant le tournage
du film *La Musica*, 1966. Coll. Jean Mascolo.

2. Dionys Mascolo, Catherine Sellers et Sami Frey
dans *Jaune le soleil*, 1971. Coll. Jean Mascolo.

3. Michaël Lonsdale, Nicole Hiss et Henri Garcin
dans le film *Détruire, dit-elle*, 1969. Coll. Jean Mascolo.

4. Dessin de Marguerite Duras pour sa mise en scène
de *Détruire dit-elle*. IMEC, fonds Duras.

5. Catherine Sellers dans le film *Détruire, dit-elle*.
Cahiers du cinéma.

p. 152-153

1. Scénario de *Nathalie Granger*. IMEC, fonds Duras.

2. Gérard Depardieu, Jeanne Moreau et Lucia Bose
dans *Nathalie Granger*, 1972. Coll. Jean Mascolo.

3. Jeanne Moreau et Nathalie Bourgeois dans *Nathalie
Granger*, 1972. Coll. Jean Mascolo.

4. Devis du film *Nathalie Granger*. IMEC, fonds Duras.

p. 154-155

1. Plan du film *Le Camion*, 1977. IMEC, fonds Duras.

2. André Dussolier, Axel Bogousslavski, Daniel Gélin et Pierre
Arditi dans le film *Les Enfants*, 1984. Coll. Jean Mascolo.

3. Détail de la durée des bobines du *Camion*.
IMEC, fonds Duras.

4. Marguerite Duras et Gérard Depardieu dans un plan
du film *Le Camion*, 1977. Coll. Jean Mascolo.

5. Scénario du *Camion*. IMEC, fonds Duras.

p. 156-157

1. Découpage du film par Marguerite Duras, à partir de *India
Song, texte, théâtre, film*, Gallimard, 1973. IMEC, fonds Duras.

2. Notes et croquis pour le tournage d'*India Song* en 1975.
IMEC, fonds Duras.

3. Delphine Seyrig, Michaël Lonsdale et Claude Mann
dans la séquence de la réception à l'ambassade de France
à Calcutta. Coll. Jean Mascolo.

p. 158-159

Didier Flamand, Delphine Seyrig et Claude Mann
dans *India Song*, 1975. Coll. Jean Mascolo.

p. 160-161

1 et 5. *Césarée*, court-métrage, 1979 (statue de Maillol
au jardin des Tuileries). Photo Katalin Volcsanszky.
Coll. Jean Mascolo.

2 et 4. *Aurélia Steiner (Melbourne)*, court-métrage, 1979
(les eaux de la Seine). Photo Katalin Volcsanszky.

3. *Son nom de Venise dans Calcutta désert*, 1976.
Coll. Jean Mascolo.

6. Page de brouillon dactylographié du texte de Marguerite
Duras pour le film de *L'Homme atlantique* (1981),
avec corrections manuscrites. IMEC, fonds Duras.

p. 162-163

1. Marguerite Duras dans le hall des Roches-Noires
à Trouville. Coll. Jean Mascolo.

p. 164-165

1. Courrier adressé au Comité de lutte pour la liberté
de l'information, domicilié chez Marguerite Duras
au 5 rue Saint-Benoît. IMEC, fonds Duras.

2. Marguerite Duras et Jean Genêt au balcon de l'immeuble
du CNPF à Paris, lors de l'occupation des lieux par
des manifestants d'extrême gauche.
Louis Monier/Rue des Archives.

3. La revue féministe *Sorcières*. Coll. part.

4. L'Affaire Bruay-en-Artois, août 1972.
Rue des Archives/AGIP.

5. Réponse de Pierre Desgraupes, directeur de l'Unité
autonome d'information de la première chaîne de télévision
(ORTF), à Marguerite Duras, le 26 avril 1972.
IMEC, fonds Duras.

6. Enterrement de Pierre Overney, le 4 mars 1972.
Louis Monier/Rue des Archives.

7. Lettre d'Edgar Morin à Marguerite Duras. IMEC, fonds Duras.

8. « Sur la responsabilité du militant », manifeste rédigé
par Marguerite Duras et Dionys Mascolo, mars 1972.
IMEC, fonds Duras.

p. 166-167

1. Marguerite Duras et Xavière Gauthier à Neauphle-
le-Château, en 1973. Photo Jean Mascolo.

2. Couverture des *Parleuses* de Marguerite Duras
et Xavière Gauthier, éditions de Minuit, 1974. Coll. part.

3. Couverture des *Lieux de Marguerite Duras*,
de Marguerite Duras et Michelle Porte, éditions de Minuit,
1978. Coll. part.

4. L'éditeur Jérôme Lindon dans son bureau des éditions
de Minuit. Corbis.

5. Couverture d'*Agatha*, éditions de Minuit, 1981. Coll. part.

6. Lettre d'Élisabeth Striedter à Marguerite Duras, celle qui
lui a inspiré le personnage d'Anne-Marie Stretter. Coll. part.

7. *La Quinzaine littéraire*, n° 363, janvier 1928, consacré
à Robert Musil. Coll. part.

8. Commentaire de Marguerite Duras sur la lecture
de *L'Homme sans qualités* de Robert Musil, extrait
de *La Quinzaine*. Coll. part.

9. *Les Cahiers du cinéma, Marguerite Duras, Les Yeux verts*,
n° 312-313, juin 1980. Coll. part.

p. 168-169

1 et 2. Marguerite Duras et Yann Andréa à Neauphle.
Photo Jean Mascolo.

3. Page de brouillon de *La Maladie et la mort*, 1982.
Coll. part. © Éditions de Minuit.

4. Marguerite Duras avec son fils Jean et Yann Andréa,
entre 1986 et 1989. Coll. Jean Mascolo.

5. Couverture de *L'Été 80*, éditions de Minuit, 1980. Coll. part.

6. Marguerite Duras au balcon de son appartement
aux Roches-Noires. Coll. part.

p. 170-171

1. Page d'agenda de Marguerite Duras : voyage en Israël,
janvier 1978. IMEC, fonds Duras.

2. Brochure des célébrations de la victoire de Yorktown
aux États-Unis en 1981, auxquelles a assisté Marguerite
Duras. Coll. Jean Vallier.

3. Marguerite Duras au festival de cinéma de Taormina
en Sicile, en juillet 1980. Coll. Anne de Gasperi.

4. Marguerite Duras à New York dans les années 1970.
Coll. Jean Mascolo.

p. 172-173

1. Marguerite Duras en 1984. Photo Jean Mascolo.

p. 174-175

1. Thuy-Lê, l'ami de Marguerite Duras qui lui a inspiré
le personnage de l'amant chinois dans le roman écrit en 1984.
Coll. Jean Mascolo.

2 et 6. Pages de brouillon de *L'Amant*. IMEC, fonds Duras.
© Éditions de Minuit.

3. Couverture de *L'Amant* de Marguerite Duras, éditions
de Minuit, 1984. Coll. part.

4. Courbe des ventes de *L'Amant* de septembre à mars 1985,
publiée dans le journal *Le Monde* du 26 avril 1985. Coll. part.

5. Bras du Mékong à Chaudoc. Photo Léon Busy,
FR CAOM 30Fi108/30. Centre des Archives d'outre-Mer,
Aix-en-Provence.

7. Annonce du prix Goncourt décerné à *L'Amant*,
12 novembre 1984. Keystone.

p. 176-177

1 et 2. Pages d'un « Cahiers de la guerre »
de Marguerite Duras, d'où elle tirera l'épisode concernant
le retour de Robert Antelme intitulé *Pas mort en déportation*.
Les brouillons seront repris lors de la rédaction
de *La Douleur*. IMEC, fonds Duras. © Éditions P.O.L., 1985.

p. 178-179

1. Article de Patrick Grainville dans *Le Figaro littéraire*
du 1er décembre 1986, à l'occasion de la parution de *Les Yeux
bleus cheveux noirs* aux éditions de Minuit. Coll. part.

2. Le port de Honfleur, décor du roman *Emily L.*,
éditions de Minuit, 1987. Roger-Viollet.

3. Page publicitaire des éditions de Minuit pour *Les Yeux
bleus cheveux noirs* dans *Libération* du 11 décembre 1986.
Coll. part.

p. 180-181

1. « Le bureau de poste de la rue Duplin », entretien
Marguerite Duras-François Mitterrand dans *L'Autre Journal*,
le 26 février 1986. Coll. part.

2. Article de Marguerite Duras dans *Libération*
du 17 juillet 1985 à propos de l'affaire Villemin. Coll. part.

3. Marguerite Duras et François Mitterrand rue Saint-Benoît.
Coll. Jean Mascolo.

4. Citation à témoin de Marguerite Duras au procès
de Klaus Barbie, 5 mai 1987. Coll. part.

5. Le refus de Marguerite Duras à témoigner au procès
de Klaus Barbie, *Le Matin* du 8 mai 1987. Coll. part.

6. Marguerite Duras et Bernard Pivot sur le plateau
de l'émission *Apostrophes*, le 28 septembre 1984.
Louis Monier/Rue des Archives.

7. Marguerite Duras recevant des mains de François
Léotard, ministre de la Culture, le prix Ritz-Hemingway
pour son livre *L'Amant* le 7 avril 1986. Rue des Archives.

p. 182-183

1. Couverture de *La Pluie d'été* de Marguerite Duras,
P.O.L., 1990. Coll. part.

2. Couverture de *L'Amant de la Chine du Nord* de Marguerite
Duras, Gallimard, 1991. Coll. part.

3. Page de manuscrit de *La Pluie d'été* avec corrections.
IMEC, fonds Duras. © P.O.L., 1990.

4. Page de brouillon de *L'Amant de la Chine du Nord*.
Coll. Jean Vallier. © Éditions Gallimard.

p. 184-185

1 et 3. Pages du manuscrit de *Écrire*, avec corrections,
juin 1993. IMEC, fonds Duras. © Éditions Gallimard.

2. Marguerite Duras et Yann Andréa. Photo Jean Mascolo.

p. 186-188

Marguerite Duras à Trouville, été 1988. Photo John Fowley.

Photogravure : L'Exprimeur, Paris
Fabrication : Sylvie Blanchette, fab@editionstextuel.com

Achever d'imprimer en février 2006
sur les presses de Grafiche Milani, Milan
n° d'édition : 440
Dépôt légal : mars 2006
Imprimé en Italie